# Denise Colquhoun

# Aufräumen mit Fräulein Ordnung

## Entspannt und stressfrei mit Kindern leben

Mit Fotos von Paula Averkamp

Umschlagmotiv: Barbara Neveu/ Shutterstock.com,
Alena Ozerova/ Shutterstock.com, Photographee.eu/Shutterstock.com
Umschlaggestaltung: bürosüd° GmbH, München
Illustrationen: All-Silhouettes.com

Satz: Carsten Klein, München
Herstellung: Graspo CZ, Zlín

ISBN 978-3-451-66060-3

# Inhalt

# Vorwort

Nach meinem ersten Buch »Sieben Tage für ein aufgeräumtes Leben« hatte ich sehr bald eine neue Idee für ein zweites Buch. Die hatte weniger mit Ordnung, dafür mehr mit Menschen zu tun. Menschen, die ich treffen und mit denen ich ins Gespräch kommen wollte.

Mit drei Kindern habe ich jedoch immer irgendetwas zu tun, das mich beschäftigt und von der Planung oder gar Umsetzung meiner Einfälle abhält. So blieb es auch dieses Mal monatelang bei der vagen Buchidee, doch bis zum Exposé habe ich es nie geschafft.

Im vergangenen Herbst kam mein Verlag mit dem Vorschlag für ein zweites Buch auf mich zu. Wieder sollte es um Ordnung gehen, dieses Mal mit dem Thema Aufräumen mit Kindern. Doch ein ganzes Buch nur über Ordnung im Kinderzimmer? Das war mir zu langweilig.

Also habe ich nachgedacht, wie das bei uns und der Ordnung im Kinderzimmer ist. Mit drei Kindern im Alter von neun, elf und 15 Jahren habe ich schon Stunden damit verbracht, aufzuräumen. Ich habe unzählige Kinderbücher gelesen und aussortiert, habe Puzzlestücke gesucht und bei Memory verloren. Habe geflucht, weil ich auf Lego getreten bin, und musste Tränen trocknen, weil Barbie ihren Arm ausgekugelt hatte.

Und während ich eines Sonntags die Betten der Kinder bezogen und trotz Regen eines der Kinderzimmer-Fenster geputzt habe, wurde mir plötzlich klar: Am liebsten mache ich Ordnung, wenn das Wetter schlecht ist! Wenn es regnet und keiner vor die Tür muss – warum die Zeit nicht sinnvoll nutzen?

Aufräumen müssen wir alle. Ordnung schaffen ist – besonders mit Kindern – eine ständige Aufgabe, und wenn wir nicht im Chaos versinken wollen, kommen wir einfach nicht drum herum. Vielen mag sich die positive Wirkung einer aufgeräumten Umgebung noch nicht aufdrängen, aber ich behaupte: Es kann so gemütlich sein, auf dem Boden zu sitzen und Kleinteile zu sortieren, während es draußen tobt und stürmt!

Natürlich kann man auch den ganzen Tag lang faul vor sich hin gammeln, doch für mich hat es einen ganz klaren Vorteil, wenn ich einen verregneten Sonn- oder Feiertag nutze, um mein Zuhause schön und ordentlich zu machen – wenn die neue Woche beginnt, muss ich mich um all das nicht mehr kümmern, was ich schon geschafft habe.

Und so ganz nebenbei: Ein aufgeräumter Schrank trägt maßgeblich zur Entspannung bei.

Dieses Buch ist eine bunte Mischung für junge Familien. Meine älteste Tochter hat die Fotos für dieses Buch gemacht, und meine jüngeren Kinder haben die Rezepte – über Jahre – getestet und für gut befunden. Es gibt neben Ordnungstipps viele Ideen und Anregungen, um die Zeit zuhause so angenehm wie möglich zu verbringen. Und ganz nebenbei das tägliche Chaos in den Griff zu bekommen.

Wir hoffen, dass euch das Buch inspiriert, viele glückliche Stunden miteinander zu verbringen – und dass ihr euch vielleicht sogar auf den nächsten Regen freut!

Denise Colquhoun

# Einleitung:
# Verregnete Sonntage

Warum der Schäfer jedes Wetter liebt

*Ein Wanderer: »Wie wird das Wetter heute?«*
*Der Schäfer. »So, wie ich es gerne habe.«*
*»Woher wisst Ihr, dass das Wetter so sein wird, wie Ihr es liebt?«*
*»Ich habe die Erfahrung gemacht, mein Freund, dass ich nicht immer das bekommen kann, was*
*ich gerne möchte. Also habe ich gelernt, immer das zu mögen, was ich bekomme. Deshalb bin*
*ich ganz sicher, dass das Wetter heute so sein wird, wie ich es mag.«*

Anthony de Mello

Ich mag schönes Wetter und ich mag es, wenn die Sonne lacht. Ich mag den Frühling, wenn man nach dem Winter langsam wieder ohne Socken, dafür aber mit einem dicken Pulli, aus dem Haus gehen kann. Ich mag es, wenn die Tage heller, die Jacken leichter und die Bäume langsam grün werden.

Auch den Sommer mag ich gerne: Sonnencreme im Gesicht meiner Kinder, buntes und frisches Obst auf dem Markt, barfuß über Rasen laufen und laue Sommerabende, an denen man mit Freunden zusammen draußen sitzen kann. Schönes Wetter sorgt immer für gute Laune, denn es werden nachweislich Endorphine ausgeschüttet, wenn die Sonne scheint.

Doch wenn ich ganz ehrlich bin, dann mag ich es am liebsten, wenn es regnet. Regen hat eine beruhigende Wirkung auf mich, und wenn für andere Leute der Sommer nicht lange genug dauern kann, freue ich mich schon auf den bevorstehenden Herbst, auf meine Regenjacke und einen grauen Himmel. Ich finde Regen toll, und auch mehrere verregnete Tage hintereinander schaffen es nicht, meine Stimmung zu trüben.

Jahrelang dachte ich, diese Freude sei nicht normal, denn die meisten Menschen um mich herum fangen an zu fluchen, sobald sich Regen ankündigt. Setzt er dann ein, bekommen die Menschen zusehends schlechte Laune.

Bei mir war das schon immer anders. Für mich bedeutete Regen automatisch: gemütliche Stunden zuhause. Dicke Socken, Kerzen, Bücher, Kuchen backen, Schubladen sortieren.

Regentage setze ich gleich mit »Zeit für das Wesentliche«. Zeit, zur Ruhe zu kommen, sich aus dem Alltag auszuklinken, auf neue Gedanken zu kommen.

Heute weiß ich, dass ich ein Pluviophiler bin – ein Liebhaber von Regen. Oder, wie es auf Englisch heißt: *someone who finds joy and peace of mind during rainy days.* Sorgen mache ich mir seitdem keine mehr, denn ich weiß, ich bin nicht alleine mit diesem inneren Frieden, wenn es regnet.

*Wenn man die Ruhe nicht in sich selbst findet,*
*ist es umsonst, sie anderswo zu suchen.*
*François de La Rochefoucauld*

Die besten und schönsten Urlaube meiner Kindheit sind in meinen Erinnerungen größtenteils verregnet. Wir haben unsere Sommer in England bei der Familie meines Vaters verbracht und dort rechnet sowieso ein jeder mit schlechtem Wetter und beschwert sich nicht so schnell, wenn es mal ein paar Grad kühler ist.

Erstaunlich oft hatten wir gutes Wetter. Ein Sommer war dabei, an dem 14 Tage lang die Sonne schien und es nicht ein einziges Mal geregnet hat. Doch auch wenn das Wetter während unseres Aufenthalts umschlug – der Regen hat uns nie davon abgehalten, Ausflüge zu unternehmen, Burgen und Schlösser zu besichtigen oder Städte zu erkunden. Wir hatten immer den schönsten Urlaub, den ich mir überhaupt vorstellen konnte.

Um den schlimmsten Regenguss vorbeiziehen zu lassen, gab es immer irgendwo einen Ort, an dem wir verweilen, oder ein gemütliches Café, in dem wir uns aufwärmen konnten. Genau das sind einige meiner schönsten Kindheitserinnerungen:

*In einem warmen Café sitzen, mit einem Stück Kuchen auf dem Tisch,*
*englisches Stimmengemurmel um mich herum,*
*während der Regen gegen die Fensterscheibe prasselt.*

Aber nicht nur im Urlaub, auch im Alltag hatte Regen noch nie eine negative Auswirkung auf meine Stimmung. Gut – wenn es morgens auf dem Weg zur Schule anfing zu regnen und ich mit dem Rad unterwegs war, fand ich das bestimmt nicht lustig. Und auch heute gibt es Tage, an denen ich keine vom Regen gelockten Haare gebrauchen kann.

Doch wie oft habe ich meine Nase in die Luft gehalten, wenn ein herrlicher Sommerregen eingesetzt hat! Kennt ihr diesen Geruch? Wenn es im Sommer tagelang trocken ist und sich auf einmal der Himmel verdunkelt? Wenn ihr schnell nach Hause geht, um die Fenster zu schließen und eine Strickjacke überzuziehen? Wenn klar ist, dass es gleich kräftig regnen wird und es sich trotzdem lohnt, die Nase an der frischen Luft zu lassen, denn was dann kommt, ist einmalig: der Geruch von Regen auf trockener Erde!

Zwei australische Forscher haben sogar einen Begriff für diesen markanten Geruch geprägt: Petrichor. Während der Trockenperiode sondern bestimmte Pflanzen ein Öl ab. Es wird vom Boden, von den Gesteinen, aufgenommen. Regnet es dann, wird das Öl, zusammen mit einer anderen Verbindung namens Geosmin, in die Luft freigesetzt.

Wenn ich an Sommerregen denke, wünsche ich mir automatisch diesen wunderbaren Geruch, am liebsten gefolgt von einem heftigen Gewitter. Meine Mutter hat mich oft an das Fenster im Wohnzimmer geholt, wo sie schon ein dickes Kissen für mich bereitgelegt hat. Zusammen haben wir es uns dort gemütlich gemacht und den Naturgewalten zugesehen.

*Wer sagt: »Glücklichsein kommt von Sonnenschein«,*
*der hat noch niemals im Regen getanzt.*

Haben wir es mal nicht rechtzeitig nach Hause geschafft und wurden von einem Regenschauer erwischt, habe ich es geliebt, von meiner Mutter trocken gerubbelt und in einen frischen Schlafanzug gepackt zu werden.

Wie kann man da über Regen fluchen?

Heute mache ich es mit meinen Kindern ganz genauso. Kommen sie nass nach Hause, stehe ich schon mit einem Handtuch an der Tür und freue mich darauf, ein paar schöne Stunden mit ihnen zu verbringen.

## Gewitter

*Es wetterleuchtet durch die Nacht,*
*Die Donner, sie rollen von ferne,*
*Die Wolken stürmen zur wilden Schlacht,*
*Und ängstlich verlöschen die Sterne.*
*Es jagt und wettert und kracht und braust,*
*Wie wenn in Lüften der Böse haust –*
*Was schmiegst du dich an mich mit Zittern?*
*He, holla! Mich freut das Gewittern.*
*Kennst du das Leben, mein liebes Kind?*
*Ach nein, du tändelst in Träumen.*
*Oft stürmt durch das Leben der Wirbelwind*
*Und reißt an den knorrigsten Bäumen.*
*Unter Donner und Blitzen, in stürmischer Nacht*
*Schlägt der Mensch mit dem Schicksal die lustige Schlacht.*
*Was schmiegst du dich an mich mit Zittern?*
*He, holla! Mich freut das Gewittern.*
*Wie brannte die Sonne so heiß und so dumpf!*
*Die Bäume, sie rangen nach Odem;*
*Nun flutet es feucht, und der dürrste Stumpf*
*Suuyt ein den köstlichen Brodem.*
*Wenn träge die Sonne das Leben verbrennt,*
*Willkommen dann, schlagendes Element!*
*Lass ab von Zagen und Zittern,*
*He, holla! Mich freut das Gewittern.*

*Karl Henckell*

In diesem Buch wird es immer wieder um diese Regentage gehen. Denn was bringt es uns, schlechte Laune zu haben, weil eine dicke Wolkendecke über unserem Haus hängt? Regnen tut es sowieso – dann genießen wir es doch besser mit einem Lächeln in unserem Gesicht.

Ich möchte die Liebe zu Regentagen wecken und dazu inspirieren, die vermeintlich trüben Tage zu zelebrieren und diese gemütlich zu feiern. Besonders dann, wenn wir das Haus nicht verlassen müssen!

Nutzen wir also die Situation, machen wir das Beste daraus und freuen wir uns auf glückliche Tage zuhause.

*Es gibt so viele tolle Sachen, die man in dieser Zeit machen kann.*
*So viele Dinge, für die Regentage wie gemacht sind.*

Ihr könnt Regentagen absolut nichts abgewinnen? Dann wird es Zeit, das zu ändern und das Potenzial dieser Tage auszuschöpfen.

*Machen wir es uns einfach drinnen schön!*

# Eine bunte Mischung für trübe Tage

Verregnete Tage eignen sich hervorragend, um endlich mal

- einen Gang runterzuschalten und das Telefon auszuschalten (oder um endlich all die Leute anzurufen, die man schon lange nicht mehr gehört hat),
- ausgiebig zu frühstücken,
- die Kisten im Kinderzimmer zu sortieren, die den ganzen Sommer über nicht beachtet wurden,
- einen einfachen Kuchen für den Nachmittag zu backen,
- Kekse auszustechen (nicht nur zu Weihnachten!), mit den Kindern auf dem Sofa Bücher zu lesen, den Zeitschriftenstapel zu sortieren, der seit Wochen neben dem Sofa liegt (aus den aussortierten Zeitschriften lässt sich allerlei Kreatives gestalten),
- den Rezepte-Ordner zu sortieren (und an diesem Tag mindestens ein neues Rezept auszuprobieren),
- einen ganzen Tag einfach nur zuhause zu bleiben und es sich gemütlich zu machen (das schlechte Gewissen ausschalten! An die frische Luft kommen wir früh genug wieder ...),
- auf dem Wohnzimmerboden ein Picknick zu veranstalten,
- eine große Kanne Tee zu trinken, bevor sie kalt wird,
- Fotos auf der Festplatte zu sortieren und sie online zu bestellen (sobald sie abgeholt wurden, können diese Fotos am nächsten verregneten Tag sortiert und eingeklebt werden),
- Socken stricken zu lernen,
- ausgiebig Musik zu hören,
- ein ausgiebiges Bad zu nehmen (während der Partner mit den Kindern spielt),
- einen Brief zu schreiben (An wen? Das ist fast schon egal. Im Zeitalter von E-Mails und Schnelllebigkeit wird sich der Empfänger garantiert darüber freuen.).

*Heute darf es ein bisschen langsamer sein.*
*Wir dürfen lesen, kochen, Dinge sortieren und zur Ruhe kommen.*

GEMÜTLICHES: Gemeinsam Lieblingsplätze schaffen – sich aus dem Alltag ausklinken und auf neue Gedanken kommen

**Was euch in diesem Kapitel erwartet:**

- ⊙ *Einfach mal keinen Plan haben*
- ⊙ *Bücher, Filme, Spiele – gemeinsame Kindheitserinnerungen*
- ⊙ *Der perfekte Regensonntag*
- ⊙ *Unser Zuhause – ein glücklicher Ort*
- ⊙ *Anregungen für ein schönes Zuhause*
- ⊙ *Musik für Regentage*
- ⊙ *Küchengeschichten*
- ⊙ *Die Kramschublade*
- ⊙ *Anleitung zum guten Leben*

In manchen Sprachen gibt es ganz wunderbare Wörter, die sich viel schöner anhören als die deutsche Variante. Das Wort für kuscheln oder schmusen zum Beispiel heißt auf Holländisch *knuffelen*, das englische Wort für gemütlich heißt cozy.

Manchmal gibt es aber auch Wörter, für die es einfach keine direkte Übersetzung gibt. So wie das dänische/norwegische Wort *hyggelig*. Es wird gerne gleichgesetzt mit »gemütlich – angenehm – nett«, doch im Grunde genommen beschreibt *hygge* nicht eine Sache, Tätigkeit oder einen Zustand, sondern ein komplettes Wohlgefühl und ist damit ein wichtiger Bestandteil der skandinavischen Lebensart. *Hygge* wird oft mit Familie und engen Freunden verbunden und steht für Zufriedenheit und tröstliche Dinge. Es ist die völlige Abwesenheit von allem Ärgerlichen, Irritierenden oder emotional Belastenden.

Doch ganz egal, wie wir es nennen – wichtig ist, dass auch wir uns zuhause wohlfühlen!

Familie, Freunde, gemeinsames Essen, Lachen und viele Geschichten ...
Ohne Hast die wahren Glücksmomente erleben.
Ein Haus für die schönsten Erinnerungen – komm herein!

*Unser Plan für ein perfektes Wochenende?*
*Einfach mal keinen Plan haben*

Wichtig ist nur, wer einen vollen Terminkalender hat? Wer so denkt, wird sich auf lange Sicht keinen Gefallen tun. Das Leben ist viel zu kurz, und Zeit ist das Einzige, was wir nicht auffüllen können!

Während der Arbeitswoche, wenn der Alltag uns fest im Griff hat, ist ein Termin-plan eine unerlässliche Hilfe. Doch am Wochenende sollten wir unsere Reserven auffüllen und auch mal Fünfe gerade sein lassen. Entschleunigen ist ein wunder-bares Wort dafür, sich einfach mal gehen zu lassen!

Als großer Regentage-Fan habe ich deshalb besonders die trüben Tage für uns perfektioniert: Unkompliziertes Essen, dicke Socken und ganz viel Ruhe!

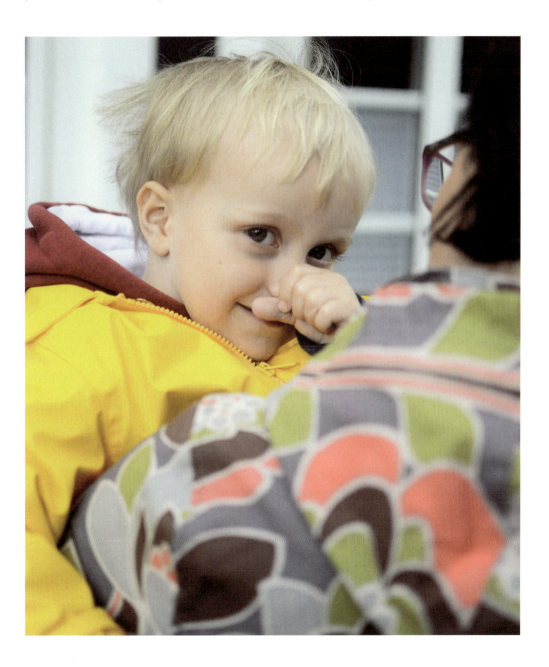

Morgens werden wir vom Wecker geweckt, das Radio läuft ständig im Hintergrund, und über jede eingehende Nachricht informiert uns das Handy mit einem Piepton. Es klingelt an der Tür, die Dunstabzugshaube läuft, ebenso wie die Waschmaschine. Und wie oft haben wir heute schon »Maaaamaaaa!« gehört?

Mit wie viel Lärm wir uns tagtäglich umgeben, wird einem besonders bewusst, wenn man

- *morgens mal eine Stunde vor allen anderen aufsteht,*
- *das Handy für einige Stunden lautlos schaltet,*
- *beim Nachhausekommen nicht sofort das Radio oder den Fernseher anmacht,*
- *durch seine Stadt läuft, wenn die Geschäfte geschlossen sind.*

Diese Ruhe! Schon ein paar Minuten am Tag können die eigenen Reserven auftanken. Und wenn es an einem Sonn- oder Feiertag regnet, ist das eine klare Einladung von oben, diesen Tag genussvoll für Ruhe zu nutzen.

> *Wir müssen von Zeit zu Zeit eine Rast einlegen und warten,*
> *bis unsere Seelen uns wieder eingeholt haben.*
>
> Indische Weisheit

# Bücher, Filme, Spiele – gemeinsame Kindheitserinnerungen

Pipi Langstrumpf, Ronja Räubertochter, Die kleine Hexe, Sagaland, Das verrückte Labyrinth – nicht ohne Grund gibt es jede Menge Kinder-Klassiker, die auch wir Eltern schon als Kind gelesen, geguckt oder gespielt haben und die immer noch aktuell sind. Wirkliche Klassiker eben, die über Jahrzehnte hinweg ihren Reiz für die Kindergenerationen nicht verlieren.

Ronja Räubertochter war einer meiner ersten Kinofilme, die ich sehen durfte. Ich war gerade in der Grundschule. Über die nackten Räuber, die in dem Film in den Schnee rennen, musste ich damals genauso lachen wie heute meine Tochter, mit der ich knapp 20 Jahre später den Film erneut geguckt habe.

Während meiner Grundschulzeit habe ich einen Teil der Sommerferien bei meinen Großeltern verbracht. Damals gab es bei den öffentlich-rechtlichen Sendern am Nachmittag ein Ferienprogramm, bei dem unter anderem sämtliche Folgen von »Pipi Langstrumpf« zu sehen waren, genauso wie »Michel aus Lönneberga«.

Ich aber hatte eine Vorliebe für alles, was aus der UdSSR kam. Wie »Die Märchenbraut«. Die tschechische Kinderserie handelt von dem Zauberer Rumburak, der mit einem Glöckchen in die Menschenwelt gerufen wird und sich in einen Raben verwandeln kann. Ich habe es nie geschafft, die Folgen in der richtigen Reihenfolge zu gucken, und hatte somit Schwierigkeiten, den Zusammenhang zu verstehen, doch die Andersartigkeit dieser tschechischen Serie von dem, was ich kannte, hat mich fasziniert.

Als ich die 13 Episoden auf DVD gefunden und gekauft habe, war meine Freude groß, und ich konnte die Serie nun endlich – zusammen mit meinen Kindern – in der richtigen Reihenfolge gucken. Ich würde lügen, würde ich schreiben, dass meine Kinder von der Serie ebenso begeistert waren wie ich. Doch habe ich für große Belustigung gesorgt, weil ihre Mama nach all den Jahren immer noch so verzückt war.

Ebenso begeistert reagiert mein Mann auf sämtliche Louis de Funès-Filme (wie »Fantomas« oder »Louis, das Schlitzohr«). Doch auch er trifft damit auf wenig Interesse von Seiten unserer Kinder.

Es bleiben aber immer noch genügend Bücher und Spiele aus unserer Kindheit, mit denen man nichts falsch machen kann. So spiele ich noch heute regelmäßig mit meinen Kindern die Spiele aus meiner Kindheit: Das verrückte Labyrinth, Hexentanz und Sagaland.

Wer nicht in der glücklichen Lage ist, solche Schätze aus seiner Kindheit zu besitzen, kann einen Flohmarkt besuchen, am besten zusammen mit seinen Kindern. Dort findet man garantiert altbewährte Spiele, Filme oder Musik. Auch wenn diese nicht mehr die neuesten technischen Voraussetzungen erfüllen, so ist es für die Kleinen sehr spannend zu sehen, womit wir Eltern uns in unserer Kindheit beschäftigt haben.

Kinderfilm-Klassiker, die man im Haus haben sollte, wenn der nächste Regentag ansteht:

- *Alice im Wunderland*
- *Arielle – Die Meerjungfrau*
- *Big Fish*
- *Das Dschungelbuch*

- *Der Zauberer von Oz*
- *Die unendliche Geschichte*
- *E.T. – Der Außerirdische*
- *Elliot, das Schmunzelmonster*
- *Karlsson auf dem Dach*
- *Mary Poppins*
- *Momo*
- *Peter Pan*
- *Ronja Räubertochter*
- *Wo die wilden Kerle wohnen*

## Der perfekte Regensonntag

Am Morgen stehe ich eine Stunde vor meiner Familie auf, um in Ruhe meinen ersten Tee zu trinken. Sobald die frischen Sonntagsbrötchen aus dem Ofen kommen, wird mit der ganzen Familie gefrühstückt.

Nach dem Frühstück wird kurz gesaugt und ein Mindestmaß an Ordnung hergestellt. Dann werden die Betten frisch bezogen (und wir freuen uns schon den ganzen Tag darauf, uns am Abend dort rein zu kuscheln).

Die Kinder räumen parallel dazu ihre Zimmer ein bisschen auf und warten darauf, dass ich ihnen den Staubsauger in ihr Zimmer stelle. Dies ist die Zeit, in der die Geschwister Zeit haben.

Irgendwer hat sich zum Mittagessen Apple-Crumble (Rezept siehe Seite 67) mit Vanillesoße gewünscht. Zum Glück haben wir noch genügend Äpfel im Haus, und in der Tiefkühltruhe finden sich noch ein paar Brombeeren, die perfekt dazu passen.

Am Nachmittag hört der Regen auf, doch keiner von uns hat Lust, sich umzuziehen. Wir bleiben lieber in unseren bequemen Sachen und gucken zusammen einen Film. Oder wir sortieren Fotos und kleben sie ein. Oder wir schaffen Platz im Bücherregal und machen dabei eine Kiste fertig für unsere Freunde, die noch keine Kinder haben.

Das Schöne an diesem Tag ist: Jeder kann genau das machen, worauf er Lust hat. Und wenn wir es zusammen machen, entsteht genau die gemütliche Atmosphäre, die solchen Regentagen vorbehalten ist.

Zum Abendessen gibt es Lasagne, die ich in weiser Voraussicht schon am Vortag zubereitet habe (einmal durchgezogen schmeckt sie uns am besten).

Nachdem die Küche wieder aufgeräumt ist und die Spülmaschine läuft, spielen wir noch eine Runde am Küchentisch, bevor es für alle wahlweise in die Badewanne oder unter die Dusche geht.

Die Kinder müssen pünktlich ins Bett, morgen ist Schule.

Doch nach so einem entspannten Tag zuhause sind wir alle voller Energie für die neue Woche.

*Wohlfühltage haben einen ganz eigenen Rhythmus: unseren!*

## Unser Zuhause – ein glücklicher Ort

Ganz egal, mit wem wir zusammen wohnen, ganz egal in welcher Stadt, ob in einem Haus mit Garten oder in einer Wohnung ohne Balkon: WIR können unser Heim in einen glücklichen Ort verwandeln.

- *Habt ihr schon mal Fotos von eurem Zuhause gemacht? Auf Fotos sieht man oft viel mehr als mit den Augen. Fotos dokumentieren zudem ganz wunderbar die persönliche Entwicklung. Nehmen wir beispielsweise Weihnachten – wer erinnert sich schon so genau, wie das Haus oder der Baum im letzten Jahr geschmückt war?*
- *Einen Nachmittag lang die Unordnung beseitigen: Boden freiräumen, Krempel vom Tisch wegsortieren, das Sofa von Krümeln befreien und die Kissen mit frisch gewaschenen Hüllen beziehen. Wer das regelmäßig macht, wird nicht lange brauchen und kann sich dann mit einer schönen Tasse Tee oder Kaffee belohnen.*
- *Umgebt euch nur mit Dingen, die ihr liebt oder die wirklich nützlich sind. Schafft weg, was euch nicht glücklich macht (ungeliebte Dinge oder Erinnerungen).*

- → Backt ein paar Plätzchen oder einen Kuchen. Für einen himmlischen Geruch im Haus und ein gutes Gefühl im Bauch (passende Rezepte gibt es ab Seite 71).
- → Kauft immer nur das Schönste für euch und euer Zuhause. Das muss nicht immer das Teuerste sein!
- → Lehnt euch zurück und genießt euren glücklichen Ort.

*Unser Zuhause sollte die Geschichte erzählen,*
*wer wir sind und was wir lieben.*

Eine Katze haben wir nicht, doch wir haben einen Katzensessel. Dieser Ort lädt jeden von uns ein, sich wie eine Katze darauf niederzulassen und zu entspannen. Hier werden keine Pfoten geleckt, aber Fotos angeguckt, von hier aus wird Mama bei der Arbeit am Computer zugeguckt und Energie getankt.

Jeder sollte so einen Ort haben, der augenblicklich Entspannung verspricht.

*Sich mal aus dem Alltag ausklinken,*
*auf neue Gedanken kommen.*

# Anregungen für ein schönes Zuhause

## Herzlich willkommen!

Nicht nur für Gäste – auch sich selbst sollte man herzlich willkommen heißen und dafür den Eingangsbereich unter die Lupe nehmen. Von was wird man begrüßt? Was steht hier unnötig herum? Oft kann dieser Bereich mit wenigen Handgriffen schöner gestaltet werden (Schuhe und Jacken, die herumfliegen, Getränkekisten und Sporttaschen, die einen besseren Platz suchen, einsammeln und aufhängen, einsortieren und wegräumen).

## Hindernisse aus dem Weg räumen

Kann ich mich frei bewegen? Oder gibt es Ecken oder Kanten, an die ich immer stoße? Für den positiven Energiefluss ist es wichtig, solche Hindernisse aus dem Weg zu räumen. Ebenso wie Gegenstände, die man nicht mehr mag und mit denen man negative Erinnerungen verbindet.

## Nicht immer alles neu kaufen

Möbel und Gegenstände, die Geschichten erzählen können, vermeiden eine Einrichtungshaus-Atmosphäre. Wichtig ist allerdings, dass diese Möbel bequem sind und uns wirklich gefallen. Wenn nicht, sollten sie aus unseren vier Wänden verschwinden.

## Man kann nie genug Kissen und Decken haben

Egal ob auf dem Sofa oder in den Kinderzimmern. Nicht nur, weil Kinder so gerne damit spielen, sondern auch für den Extra-Kick Gemütlichkeit.

## Hier riecht es gut

Frische Luft – auch im tiefsten Winter – ist unumgänglich, um den Mief aus den Räumen zu lassen. Auch dezente Duftkerzen können zu einem wohligen Geruch beitragen.

Was auch immer einen guten Geruch ins Haus zaubert: frisch gewaschene Wäsche und Selbstgebackenes aus dem Ofen (passende Rezepte findet ihr in dem Kapitel KÖSTLICHES).

# Dinge, die einem schö nen Zuhause im Weg stehen:

- Unordnung
- Schmutz
- stickige Luft
- schlechte Gerüche
- ungeliebte Dinge
- beschädigte Gegenstände
- unbequeme Möbel

# Musik für Regentage

| | |
|---|---|
| Auch im Regen | Rosenstolz |
| Blue Eyes Crying in the Rain | UB40 |
| Early Morning Rain | The Boss Hoss Version |
| Fire and Rain | Birdy |
| Have you ever seen the rain | Creedence Clearwater Revival |
| Here comes the sun | Beatles |
| I can see clearly now | Jimmy Cliff |
| I can't stand the Rain | Ann Peebles |
| I'm singing in the rain | Gene Kelly |
| Only Happy when it rains | Garbage |
| Rain | Madonna |
| Raindrops keep falling on my head | B. J. Thomas |
| Rainy Day | Coldplay |
| Rainy Days and Mondays | Carpenters |
| Regen | Jochen Distelmeyer |
| Regenbogen | Wincent Weiss |
| Sommerregen | Die Fantastischen Vier |
| Sommerregen | Joris |
| Sonnenmädchen | LIZOT & Charming Horses |
| Sonnentanz | Klangkarussell |
| Sun is shining | Bob Marley |
| Sunday Lover | Guano Apes |
| Sunday Morning | Maroon 5 |
| Sunshine | Matisyahu |
| The sun aint gonna shine anymore | Walker Brothers |
| Why does it always rain on me? | Travis |

## Küchengeschichten

Die Küche ist das Herz eines jeden Hauses! Der Mittelpunkt der Familie und der Ort, an dem sich bei einer Party oft die nettesten Gäste aufhalten. Hier wird gelebt, gearbeitet, gekocht und gegessen. Hier werden Hausaufgaben gemacht, Gespräche geführt, Ideen gesponnen, Probleme gelöst, Tränen getrocknet und Rezepte ausprobiert. Es wird gelacht, geweint und Rotwein getrunken. Hier wird UNSER Leben gelebt.

Es ist egal, wie klein oder wie groß, wie alt oder wie neu die Küche ist. Aus jeder Küche kann man einen Wohlfühlort schaffen:

- ➲ *Kauft einmal in der Woche frisches Obst und stellt es in einer schönen Schüssel auf euren Tisch.*
- ➲ *Kauft euch ab und zu frische Blumen und stellt sie in einer Vase auf die Fensterbank. Auch wenn die Blumen oft nur eine Woche halten und dann in den Biomüll wandern – bis dahin begrüßen sie euch jedes Mal, wenn ihr in die Küche kommt, und zaubern hoffentlich ein Lächeln in eure Gesichter.*
- ➲ *Schreibt einen schönen Spruch auf eine Tafel oder druckt ihn auf einem DIN-A 4 Blatt aus und hängt ihn auf. Besonders Kinder (die schon lesen können) saugen solche Sachen auf und können damit positiv beeinflusst werden.*
- ➲ *Deckt den Tisch schön, egal ob ihr Besuch bekommt oder nicht. Nutzt das »gute Geschirr«, wann immer ihr Lust darauf habt.*
- ➲ *Kauft hübsche Servietten – es müssen nicht immer teure sein.*
- ➲ *Haltet Ordnung, denn eine ordentliche Küche sorgt für einen reibungslosen Tagesablauf.*

*Man sollte viel mehr Zeit mit Glücklichsein verbringen!*

Kleine Kinder brauchen einen ruhigen, bequemen Essplatz. Mit fröhlichen Kindermöbeln sowie Geschirr und Besteck in bunten Farben lockt man auch den widerspenstigsten Esser an den gedeckten Tisch.

Mit schönem Geschirr kann man kreativ den Tisch decken, und Kinder haben Spaß an bunten Tellern und Tassen, aus denen sie sich ihre Lieblingsfarben aussuchen können.

Auch Kleinkinder können schon den Tisch decken und haben meist großen Spaß daran, die ersten Aufgaben im Haushalt übernehmen zu dürfen. Um Kinder selbstständig zu machen und ihnen ein gutes Gefühl zu geben, sind unzerbrechliche Tassen und Teller sinnvoll, die in einem niedrigen Schrankfach gut zu erreichen sind.

# Die Kramschublade

Nicht nur in der Küche, auch in sämtlichen anderen Räumen ist der Einsatz einer Kramschublade sinnvoll. In dieser Schublade können alle herrenlose Kleinteile aufbewahrt werden, die keinen festen Platz im Haus haben und für die noch nicht geklärt ist, ob man sie wirklich noch einmal benötigt:

- *Knöpfe und Reserve-Fahrradschlüssel in der Küche,*
- *Gummibänder und Briefmarken im Flur,*
- *Nagelfeile und Proben im Badezimmer,*
- *einzelne Spielkarten und Anhänger im Kinderzimmer.*

Jeder Raum hat Dinge, die keiner klaren Kategorie angehören und somit noch keinen bestimmten Platz haben. Kram, der noch nicht in den Müll muss, aber schnell in Vergessenheit geraten kann. Alle diese Dinge finden ihren vorläufigen Platz in der Kramschublade (gerne auch Kramkiste oder Kramschachtel). Wichtig bei der ganzen Sache: Diese Schublade sollte regelmäßig komplett ausgeleert und der Inhalt halbiert werden, um zu verhindern, dass aus der Kramschublade eine Müllschublade wird.

## Anleitung zum guten Leben

*Lass dich fallen, lerne Schlangen zu beobachten.*
*Pflanze unmögliche Gärten.*
*Lade jemanden Gefährlichen zum Tee ein.*
*Mache kleine Zeichen, die »ja« sagen und verteile sie überall in deinem Haus.*
*Werde ein Freund von Freiheit und Unsicherheit.*
*Freue dich auf Träume.*
*Weine bei Kinofilmen.*
*Schaukle so hoch du kannst mit einer Schaukel bei Mondlicht.*
*Pflege verschiedene Stimmungen.*
*Verweigere dich, »verantwortlich zu sein« – tu es aus Liebe!*
*Mache eine Menge Nickerchen.*
*Gib Geld weiter. Mach es jetzt. Es wird folgen.*
*Glaube an Zauberei, lache eine Menge.*
*Bade im Mondschein.*
*Träume wilde, fantasievolle Träume.*
*Zeichne auf Wände.*
*Lies jeden Tag.*
*Stell dir vor, du wärst verzaubert.*
*Kichere mit Kindern, höre alten Leuten zu.*
*Öffne dich, tauche ein. Sei frei. Preise dich selbst.*
*Lass die Angst fallen, spiele mit allem.*
*Unterhalte das Kind in dir. Du bist unschuldig.*
*Baue eine Burg aus Decken. Werde nass. Umarme Bäume.*
*Schreibe Liebesbriefe ...*

*SARK*

ORDNUNG: Gemeinsam Platz schaffen für das Wesentliche – warum sich Regentage so gut dafür eignen

**Was euch in diesem Kapitel erwartet:**

- *Aufräumen ist doof!?*
- *Ordnung lernen*
- *Klar Schiff im Kinderzimmer*
- *Aufräumen in drei Schritten*
- *Neue Gewohnheiten – gute Routine*
- *Wie viel Spielzeug braucht ein Kind?*
- *Den Überblick nicht verlieren*
- *Von der Räubertochter zur Ordnungsprinzessin*
- *Ordnungstipps, die garantiert Spaß machen*
- *Zeit ist wichtiger als Zeug*
- *Familienordner – den Papierwust in den Griff kriegen*
- *Anregungen für ein besseres Zeitmanagement*
- *Übungen und Strategien, um mit Alltagsstress besser umzugehen*

Wer Ordnung hält, ist nur zu faul zum Suchen. – Ist es nicht eher so, dass man im Familienalltag einfach keine Zeit hat, um ständig Dinge zu suchen? Haushalt, Kinder und Beruf halten einen laufend auf Trab. Oft hat man als Eltern schon genug Chaos im Kopf – wäre es da nicht viel schöner, wenn wenigstens die eigenen vier Wände vom Chaos befreit wären?

Eine ordentliche Umgebung schafft Ruhe und Zufriedenheit, Platz für kreative und gemütliche Stunden im Kreise seiner Liebsten.

Das Beste daran: Man kann jederzeit damit anfangen!

# Aufräumen ist doof!?

Aufräumen macht oft keine Freude, besonders wenn draußen die Sonne scheint und sich nicht nur Kinder lieber mit Freunden verabreden wollen, als ihr Zimmer aufzuräumen. Doch ohne Ordnung versinken wir im Chaos. Ohne Ordnung sind wir ständig auf der Suche, kaufen vielleicht neu, was wir gerade nicht finden, oder haben keinen Platz für wirklich wichtige Dinge.

Wieso also nicht einfach versuchen, aus dem leidigen Thema eine entspannte Sache zu machen? Keine Pflichtveranstaltung am Abend, sondern eine knackige halbe Stunde an einem verregneten Nachmittag, an dem man eh nicht aus dem Haus kann, oder am Sonntagvormittag, nach einem schönen Frühstück mit der Familie.

*Es geht darum, gemeinsame Routinen zu entwickeln, um sich das Leben so einfach wie möglich zu machen. Nicht darum, wer das ordentlichste Zimmer hat!*

Wie wäre es, in der Woche den Weg zum Bett freizuhalten, um nachts unfallfrei zum Bett zu kommen, aber die großen Aufräumaktionen für die Wochenenden oder verregneten Nachmittage aufzusparen?

*Kinder wollen in ihren Zimmern spielen, lernen und schlafen.*
*Um das tägliche Spielzeugchaos im Griff zu behalten, gibt es nur ein Rezept:*
*reichlich praktischen Stauraum und konsequentes Aufräum-Training.*

# Ordnung lernen

In vielen Familien ist Aufräumen ein heikles Thema, und »Ordnung schaffen« hat nicht selten einen faden Beigeschmack. Oft wird geschimpft, gedroht und Druck ausgeübt.

Als Eltern erwartet man von seinen Kindern, dass diese ihr Zimmer aufräumen. Aber hat man es ihnen überhaupt richtig beigebracht? Hat man selbst gelernt, wie man richtig Ordnung hält?

Ständig zur Ordnung zu ermahnen, trägt einfach nicht zum entspannten Familienklima bei. Besser ist es, wenn Eltern als Vorbild agieren und zum Beispiel einmal im Monat gemeinsam mit ihren Kindern deren Sachen sortieren, damit sie sehen und verstehen, wie es funktioniert.

Eltern sollten sich selbst hinterfragen, bevor sie Ordnung als immer wiederkehrendes Streitthema auf den Tisch bringen, denn:

*Ordnung kann so schön sein!*

Aufräumen macht dann Spaß, wenn es ohne Druck und Erwartung passiert.

Was wir uns vor Augen halten sollten: Ordnung ist nichts, was man einmal macht und damit ist alles erledigt. Ordnung schaffen und halten ist ein stetiger Prozess, und so, wie wir regelmäßig den Boden saugen und das Badezimmer putzen müssen, so müssen wir auch immer wieder auf's Neue Ordnung schaffen.

Die Arbeit ist allerdings wesentlich schneller erledigt, wenn nicht alles vollgestellt ist und wenn wir es regelmäßig machen! Wer sich selbst einen Gefallen tun möchte, sollte also ein Mindestmaß an Ordnung halten, damit sich die Kinder etwas abgucken können.

*Tohuwabohu*
*Aus dem Hebräischen, wird meist übersetzt mit »wüst und leer«,*
*bezeichnet ein heilloses Durcheinander und wird modernisiert*
*mit Wirrwarr oder Chaos übersetzt*

# Klar Schiff im Kinderzimmer

Kinder brauchen ein Zimmer, in dem sie sich wohlfühlen und das ihnen Geborgenheit und Sicherheit gibt. Gleichzeitig muss es aber auch praktischen Ansprüchen gerecht werden, damit es schnell aufgeräumt und saubergemacht werden kann.

Als Spiel verpackt, kann man seinen Kindern Ordnung durchaus schmackhaft machen. Hilfe und Tipps sollte man anbieten, diese aber niemals aufdrängen. Ab einem gewissen Alter können Kinder sehr gut alleine Ordnung schaffen – wenn sie es vorher oft genug mit den Eltern geübt haben.

Besser nicht mit einer Belohnung locken! Das Kind soll aufräumen, weil das das Leben leichter macht – nicht um etwas Süßes zu bekommen.

Kinder brauchen praktische, gut durchdachte Aufbewahrungsmöglichkeiten, um ihre Sachen leicht in Ordnung zu halten. Spielsachen lassen sich am besten in vielen kleinen Schubladen, Kisten und Schachteln unterbringen, während größere Sachen in Regalen verstaut werden können.

> ➲ *Die Sachen sollen auf den ersten Blick zu erkennen sein. Offene Körbe, durchsichtige Kisten oder Gläser sind ebenso geeignet wie Kisten mit Deckeln, die aufeinander gestapelt werden können.*
> ➲ *Bei kleinen Kindern sollte man einen Teil des Spielzeugs an die Seite stellen, so dass nicht immer alles greifbar ist.*
> ➲ *Gut erreichbare Stauräume erleichtern das Aufräumen (nicht nur im Kinderzimmer). Grundsätzlich gilt: Es sollte immer leichter sein, etwas aufzuräumen, als es herauszuholen.*

Ideal ist ein vielseitig verwendbares, einzelnes Möbelstück mit Schubladen für Kleidung, Regalbrettern für Bücher und einer großflächigen Ablage, auf der auch wertvolle Besitztümer ausgestellt werden können.

Spielen, egal ob ausgelassen oder still, ist für Kinder das Wichtigste. Sie brauchen Platz zum Herumrennen und Ausbreiten ihrer Spielsachen, und Erwachsene wie Kinder sollten alles schnell wieder aufräumen können. Dies gelingt am besten mit einem guten Aufbewahrungssystem für Stifte, Bauklötze, Bücher und Puppen. Kinder sollten die Möglichkeit haben, ein eigenes Ordnungssystem für ihre Spielsachen zu entwickeln.

# Aufräumen in drei Schritten

Um Ordnung zu schaffen, sollte man entweder vorher einen Bereich festlegen oder den Wecker auf 15 oder 30 Minuten stellen. Wichtig ist, sich in dieser Zeit nicht ablenken zu lassen, um das Aufräumen nicht unnötig in die Länge zu ziehen.

## 1) Vorbereiten

Mit einem kleinen Bereich anfangen: einer Schublade, einem Regalbrett, dem Tisch oder dem Boden vor dem Bett. Diesen Bereich komplett ausleeren oder freiräumen, anschließend kurz saugen oder auswischen, bevor es hier weitergeht.

## 2) Organisieren und gruppieren

Was ist defekt und kann in den Müll?
Was gehört eigentlich an eine andere Stelle? Oder in einen anderen Raum?
Was wird nicht mehr benötigt, kann aber weitergegeben werden?

## 3) Wegwerfen und aufräumen

Wenn die Zeit um ist, wird der Müll entsorgt und nur das eingeräumt, was tatsächlich genutzt oder geliebt wird.

So kann man sich nach und nach vorarbeiten, gemeinsam oder jeder in einer andere Ecke.

Was anschließend aufhält, sind oft Gegenstände, die

- *repariert werden müssen,*
- *einer anderen Person gehören und zurückgebracht werden müssen,*
- *verkauft werden sollen.*

Um diese Sachen sollte man sich möglichst bald kümmern, damit sie nicht im Weg liegen bleiben und neues Chaos verursachen. Notfalls im Kalender notieren, bis wann diese Aufgaben erledigt sein sollen. Wenn man diese Punkte auf seiner To-do-Liste streichen kann, motiviert das für die nächsten Aufgaben.

# Neue Gewohnheiten – gute Routine

Unordnung beseitigen ist das eine, Ordnung beizubehalten das andere. Wer auf Dauer eine ordentliche Umgebung haben möchte, kommt nicht drumherum, sich neue Gewohnheiten zuzulegen. Diese können so aussehen:

- *jeden Morgen die Betten machen*
- *jeden Tag eine Maschine Wäsche waschen*
- *nach dem Essen den Tisch abräumen*
- *jeden Abend alles einsammeln, was auf dem Boden liegt*
- *jeden Abend die Küche aufräumen und die Spülmaschine befüllen*
- *regelmäßig Dinge entsorgen, für die niemand mehr eine Verwendung hat*

Was sich vielleicht zunächst wenig attraktiv anhört, hat einen klaren Vorteil: Wer sich einmal an seine neue Routine gewöhnt, macht diese Sachen später fast automatisch, ohne groß darüber nachzudenken.

Die gute Nachricht: Gewohnheiten benötigen knapp 21 Tage, um im Bewusstsein anzukommen. Wer also 21 Tage lang jeden Morgen die Betten macht, bevor er das Schlafzimmer verlässt, wird das danach automatisch weitermachen und hat somit eine neue Routine verankert.

Gewohnheiten, die sich schon Kinder angewöhnen können:

- *jeden Morgen den Schlafanzug auf das Bett – nicht auf den Boden – legen*
- *Schmutzwäsche selbst in den Wäschekorb werfen*
- *Bücher zurück ins Regal stellen, wenn sie gelesen wurden*
- *Stifte einräumen, wenn das Bild fertig gemalt ist*
- *jeden Abend die Spielsachen zurück in die jeweilige Kiste packen*

Je öfter man mit seinen kleinen Kindern »Ordnung machen« übt, desto selbstverständlicher ist es später für sie, wenn sie größer werden.

Dabei geht es nicht darum, dass immer alles perfekt ist, sondern darum, dass Ordnung den Alltag einfacher gestaltet.

Ordnung sollten wir nicht als Pflicht sehen und lieber das Augenmerk auf den schönen Zustand des Raumes richten; wenn das Bett gemacht, der Schreibtisch aufgeräumt und der Boden gesaugt ist.

*Ordnung macht das Leben leichter.*

# Wie viel Spielzeug braucht ein Kind?

Ein Zimmer voll mit Spielzeug macht kein Kind wirklich glücklich. Doch genau so sieht es in vielen Kinderzimmer aus: Aus den Regalen quellen aufeinander gestapelte Spiele, Puzzles und Bücher, und die Kisten sind gefüllt mit Lego, Playmobil, Autos, Dinos und einer Holzeisenbahn. Die Stofftiere auf dem Schrank stauben ein, und die Barbies liegen verstreut unter dem Bett.

Das Tragische an der Sache: Jedes Jahr kommen immer mehr Sachen dazu. Zum Geburtstag, zu Weihnachten und oft auch noch zu Ostern wollen die lieben Verwandten und Freunde dem Kind etwas schenken und ihm eine Freude machen. In vielen Familien überbieten sich die Großeltern mit dem Wert der Geschenke, und wenn sich Eltern zu Wort melden, dass sie Geld oder Kleidung gerade viel besser finden würden, werden sie oft übergangen.

Im Idealfall werden Geschenke mit den Eltern abgesprochen, bevor Überflüssiges, Doppeltes oder Unerwünschtes geschenkt wird. Wichtig ist, dass die Geschenke lang anhaltende Freude bringen und nicht nach kurzer Zeit aufgrund ihres schlechten Materials in der Ecke liegen.

Wie wenig Kinder brauchen, um glücklich zu sein, sieht man, wenn man mit ihnen in den Urlaub fährt: Sie können lange Zeit glücklich sein, ohne auf einen Berg von Spielsachen zurückgreifen zu können. Es reicht, wenn man eine kleine Tasche packt, wo von allem etwas drin ist: Spiele, Bücher, Stofftiere und Malsachen, denn gute Laune haben Kinder, wenn sie jemanden zum Spielen haben, wenn jemand Zeit mit ihnen verbringt. Das kann man auch beim Ordnungschaffen immer im Hinterkopf behalten.

*Den Reichtum eines Menschen misst man an den Dingen,*
*die er entbehren kann, ohne seine gute Laune zu verlieren.*

*Henry David Thoreau*

# Den Überblick nicht verlieren

Mit diesen Methoden hält man die Massen an Spielzeug überschaubar:

- Bevor etwas neu gekauft wird, überlegen: Haben wir überhaupt Platz für die Eisenbahn? Wenn nicht, wird es später Ärger geben, wenn sie aufgebaut wird.
- Die Kinder beobachten und auf die besonderen Fähigkeiten und Interessen achten. Wenn das Kind sich gerne bewegt und am liebsten draußen ist, wird ein Roller oder Trampolin besser geeignet sein als ein Gesellschaftsspiel.
- Kaputtes Spielzeug immer sofort entsorgen! Alles, was geklebt werden muss oder nicht mehr funktioniert, bringt keine Freude!
- Playmobil und Lego? Ein Über-Angebot erschwert nicht nur das spätere Sortieren von Spielzeugkisten, sondern auch die Entscheidung »Womit soll ich jetzt spielen?«. Besser ist es, sich für eine Sache zu entscheiden.
- Spielsachen nach Kategorien ordnen. Am besten in transparenten Behältern, die zudem stapelbar sind. Nicht immer alle Kisten gleichzeitig hinstellen, so spart man jede Menge Zeit beim Aufräumen, da nicht so viel sortiert werden muss.
- Wenn die Kinder zu Weihnachten Wunschlisten erstellen (Bilder aus Prospekten ausschneiden lassen, wenn sie noch nicht schreiben können), kann man gemeinsam über die Wünsche sprechen, sich erklären lassen, weshalb sich das Kind etwas Bestimmtes wünscht.
- In regelmäßigen Abständen die Spielsachen aussortieren, für die das Kinder zu alt ist, und in einen Karton packen. Wenn das Kind etwas sucht, was bereits weggepackt wurde, kann man es wieder herausholen. Wenn es innerhalb der nächsten Monate nichts aus dem Karton vermisst, können die Sachen bedenkenlos verschenkt oder verkauft werden.
- Je größer Kinder werden, desto wichtiger ist es, sie in Entscheidungen miteinzubeziehen:
  Was meinst du, ist der Schlafanzug schon reif für die Wäsche?
  Was meinst du, sollen wir dieses Spielzeug dem Kindergarten schenken?
  So lernen die Kinder den Vorgang von Ordnung schaffen am besten und können, wenn sie größer werden, solche Entscheidungen gut alleine treffen.
- Wir sollen nicht beleidigt sein, wenn das Kind ein Spielzeug doof findet, das wir für sinnvoll gehalten haben. Und erst Recht keine Vorhaltungen deswegen machen. Das Kind ist ehrlich – nicht undankbar!

*Eine wichtige Regel (nicht nur im Kinderzimmer):*
*Alles hat seinen Platz, seine Ordnung, seine Struktur!*
*So fällt es auch dem jüngsten Familienmitglied leicht, Ordnung herzustellen.*

Eltern sollten nicht immer jeden materiellen Wunsch erfüllen!
Manche Wünsche sind nur kurzzeitig und von außen beeinflusst.

## Dinge, die oft in Stress ausarten:

- ➡ *Ein Besuch im Spielzeuggeschäft gleicht einem Tag im Schlaraffenland. Anschließend sind die Kinder voll bis oben hin mit Wünschen und können sehr quengelig werden.*
- ➡ *Werbung im Fernsehen hat ähnliche Auswirkungen wie ein Besuch im Spielzeuggeschäft. Kinder werden auf Dinge aufmerksam, die sie eigentlich nicht brauchen, nun aber unbedingt haben möchten. Das sind oft Dinge, die nicht halten, was sie versprechen, und von minderer Qualität sind.*
- ➡ *Lego, Playmobil, Brio-Bahn – alles ist auf permanenten Zukauf ausgerichtet. Es lohnt sich also, sich rechtzeitig für eines davon zu entscheiden, um den Überblick nicht zu verlieren.*

- Merchandising-Artikel zu aktuellen Filmen oder Serien: Die Firmen wissen ganz genau, wie sie schmackhaft gemacht werden. Diese Dinge sind selten echte Herzenswünsche, und wer sich standhaft gegen den Einzug solcher Sachen wehrt, hält das Kinderzimmer auf Dauer überschaubar.
- Das Kind hat die Haare von der Barbie abgeschnitten? Bitte nicht schimpfen! Wenn das Kind das schön findet, dann sollten wir das respektieren. Spielen kann man mit der Puppe immer noch.

# Bücher – der natürliche Feind des Konsums

Kinder lieben und brauchen Bücher. Das Lesen, Vorlesen und Betrachten von Büchern fördert die sprachlichen Fähigkeiten und das Vermögen, sich auf eine Sache zu konzentrieren. Kinder lernen, Geschichten nachzuvollziehen und sich in andere Menschen hineinzuversetzen.

Wer seine Kinder schon früh zu Leseratten ausbildet, kann ihren Konsumrausch in Grenzen halten, denn Bücher entführen ein Kind stundenlang in fremde Welten, ohne es bei Überdosierung zu verdummen. Wer seinem Kind bereits im Vorschulalter viel vorliest, wird meist dadurch belohnt, dass das Lesen mit der Zeit zum Selbstläufer wird. Oft haben kleine Kinder ihre Lieblingsbücher, die Eltern Abend für Abend vorlesen. Wollen diese mal eine Seite überspringen, weil sie müde sind (und das Buch schon 200 mal gelesen haben), merken die Kleinen das sofort, denn sie kennen die Geschichte in- und auswendig.

Selbst wenn aus dem Kind kein Bücherwurm wird, ist jede Stunde mit einem spannenden Buch eine gewonnene Stunde, eine Stunde, die nicht vor einem Bildschirm verbracht wurde.

- Aus dem Vorlesen ein festes Ritual machen: Kinder mögen es schon im Kleinkindalter, abends in gemütlicher Atmosphäre eine Geschichte vorgelesen zu bekommen oder gemeinsam ein Buch anzuschauen.
- Bibliotheken sind ein wunderbarer Ort zum Stöbern und Entdecken. Viele Bibliotheken bieten auch Vorlesestunden und Bastelnachmittage an.
- Wenn Eltern gerne lesen, wecken sie das Interesse ihrer Kinder an Büchern und zeigen, dass das Lesen von Büchern zum normalen Alltag gehört.

In Freiheit, mit Büchern, Blumen und dem Mond – wer könnte da nicht glücklich sein?

Oscar Wilde

# Von der Räubertochter zur Ordnungsprinzessin

Unsere jüngste Tochter war rückblickend wohl das unordentlichste Kind – als drittes Kind hatte sie allerdings auch naturgemäß die meisten Spielsachen. Alles, womit die beiden großen Kinder nicht mehr spielen, oder Bücher, die sie nicht mehr lesen wollten, wurden erst einmal im Zimmer der Kleinsten abgelegt.

Während der Kindergartenzeit musste ich mir am Abend immer einen Weg zu ihrem Bett freischaufeln, um nachts nicht fluchend durch das Zimmer zu hüpfen, wenn ich sie noch einmal zudecken wollte. In einem etwas besseren Zustand befand sich das Zimmer, wenn ich am Abend wenigstens 15 Minuten aufbrachte, um ein bisschen Ordnung zu schaffen. Aber ich hatte nicht jeden Abend Lust dazu. Es gab Tage, da war ich wirklich verzweifelt und dachte, dass ich hier einen schwerwiegenden (Unordnungs-)Fall zur Welt gebracht hatte. Zu der Zeit bekam sie von mir den Spitznamen »Räubertochter«, da ihr Zimmer meist einer Räuberhöhle glich.

Mit Beginn der Grundschulzeit pendelte sich das Ganze ein wenig ein und wir hatten die Routine, uns einmal in der Woche in ihrem Zimmer zu treffen, um zusammen ihr Zimmer aufzuräumen. Erst räumten wir den Boden auf und nahmen uns dann einen kleinen Bereich vor. Mal war es eine Kiste, mal eine Schreibtischschublade. In dieser Zeit schaffte ich jede Woche einen Papierkorb und eine Mülltüte aus ihrem Zimmer. Jede Woche! Keine Ahnung, wo der ganze Kram immer herkam!

Um uns die Laune nicht zu verderben, begrenzten wir die Arbeit auf eine halbe Stunde und redeten ein bisschen über dies und das, während wir aufräumten. Die Kleine freute sich immer wahnsinnig über ihr aufgeräumtes Zimmer, doch in weniger als 24 Stunden sah ihr Zimmer wieder genauso aus wie vorher. Sie war ein echtes Chaos-Kind!

Doch meine geliebte Bundeswehr-Methode »Führen durch Vorbild«, die schon bei meinen beiden älteren Kindern funktioniert hatte, trug auch in diesem Fall Früchte. Kurz vor ihrem 9. Geburtstag war das Thema auf einmal vom Tisch. Von heute auf morgen sah das Zimmer meiner Tochter überwiegend ordentlich aus. Plötzlich brachte sie ihren Müll selber weg, holte den Staubsauger in ihr Zimmer und bat mich darum, das Bett frisch zu beziehen.

An einem Wochenende kamen mein Mann und ich nach Hause und lösten sonntagmittags den Babysitter ab. Bei meinem Blick in das Zimmer unseres Sohnes fragte ich, was denn hier los sei? Sein Zimmer war ungewöhnlich gut aufgeräumt! Die Antwort: Seine kleine Schwester habe am Vormittag Langeweile gehabt und ihm das verführerische Angebot gemacht, sein Zimmer aufzuräumen. Wenn das mal keine Metamorphose zur Ordnungsprinzessin ist!

# Ordnungstipps, die garantiert Spaß machen

Wenn wir länger etwas von der Ordnung haben wollen, hilft nur eins: Wir müssen am Ball bleiben! Geheime Tricks, wie sich Unordnung in Luft auflösen kann, gibt es leider keine.

Wer beim Aufräumen und am Großputztag einfach keine Freude hat, für den gibt es hier ein paar Anregungen, die garantiert Spaß machen:

➲ *Sucht euch eine Lieblings-CD raus und dreht den Player laut auf (Musiktipps siehe Seite 27). Jeder räumt seinen vorher festgelegten Bereich auf und putzt dort auch. Wer am Ende der CD noch nicht fertig ist, saugt wenigstens noch kurz den Boden und muss dann in der nächsten Woche noch mal ran.*

➲ *Ordnung schaffen ist ein bisschen wie Puzzeln. Einige Dinge nimmt man mehrmals in die Hand, bis sie ihren perfekten Platz gefunden haben. Doch im Gegensatz zum Puzzle, wo es jedes Puzzlestück nur einmal gibt, gibt es im Haushalt vieles aus derselben Gruppe. Und so kommen Legosteine zu Legosteinen und Sonnenbrillen zu Sonnenbrillen. Die Kunst der Ordnung besteht darin, dass am Ende alle Dinge in einer Gruppe zusammenliegen. Das verstehen auch schon die Kleinsten – und haben Spaß dabei, wenn man das Ganze als Puzzle-Spiel ausruft.*

- Fensterbänke und Schränke sollten möglichst frei gehalten werden. Gerade im Kinderzimmer sollte man diese Bereiche nicht als Ablage nutzen, sondern lieber als »Ausstellungsbereich«, auf dem für einen vorher festgelegten Zeitraum (beispielsweise eine Woche) frisch gebaute oder gebastelte Werke stehen und bestaunt werden dürfen. Wie eine Art Ausstellungsfläche. Tauscht die Sachen aus, bevor sie komplett einstauben.
- Über die staubfressende Socke haben sich meine Kinder immer gefreut, doch auch Kunden, bei denen ich sie schon im Einsatz hatte, mussten amüsiert schmunzeln: Schafft man gerade Ordnung im Kinderzimmer oder Kleiderschrank und hat gerade kein Staubtuch zur Hand, kann man einen frischen Socken aus der Schublade holen, ihn über die Hand ziehen und damit Staub putzen. Wenn Kinder mithelfen, übernehmen sie gerne diese Aufgabe. Der Socken kommt anschließend in die Wäsche und alle sind glücklich!
- High-Speed-Aufräum-Tipp, der viel Spaß bringt und Eltern überraschen kann: Alles, was beim Aufräumen noch kein Zuhause hat und herumfliegt, kommt in eine große Kiste. Anschließend lautet die Spielregel: »ICH sortiere den Müll aus – DU sortierst das aus, was du behalten möchtest« (wahlweise mit Eieruhr, die auf fünf Minuten gestellt wird, oder ohne). Da werden Kinder immer ganz schnell, und Eltern sind überrascht, von welchen Dingen sich die Kinder trennen können.
- Im Kindergarten ist es normal, dass nach Spielende alles aufgeräumt wird. Wieso nicht auch zuhause? Bastelt eine Medaille für den »Aufräumkönig des Tages« – das spornt beim nächsten Aufräumen garantiert an!

Schon die Kleinsten können zuhause mithelfen und tun dies meist noch mit ungebrochener Begeisterung – staubsaugen, Geschirr in die Spülmaschine stellen, Tiere füttern. Kinder wollen wichtig für die Familie sein und Verantwortung übernehmen dürfen. Bei kleinen Kindern geht es aber nur darum, sie an ein paar Gewohnheiten heranzuführen, nicht darum, dass sie wirklich arbeiten.

Sollte das Kind mal eine etwas abgefahrene Aufräumidee haben, die in unseren Augen nicht sinnvoll erscheint – trotzdem zuhören! Denn vielleicht ist sie genau richtig – gerade weil sie unkonventionell ist.

Unser Sohn hatte mal die Idee, dass ich ihm und seiner kleinen Schwester Aufgabenkärtchen bastle. Vier Wochen hatten sie Zeit, um kleine Sterne zu sammeln, die am Ende gegen einen Besuch im Kino oder in einem Buchladen eingelöst werden konnten. Gemeinsam haben wir das für uns perfekte System entwickelt, und ich war erstaunt, wie fix sie ihre Zimmer aufgeräumt hatten und wie verrückt sie nach Sonderaufgaben waren.

Müllrausbringen? Macht einen von 16 möglichen Punkten.

Brief zur Post bringen? Macht zwei Punkte.

Das war eine tolle Sache, und ich musste mich fragen, wieso ich nicht selbst darauf gekommen war.

*Gemeinsames Aufräumen nicht als Pflicht sehen.*
*Lieber die gemeinsame Zeit genießen*
*und sich dabei unterhalten und austauschen.*

Wenn das Chaos im Kinderzimmer trotzdem unüberwindbar groß scheint? Wenn man das Gefühl hat, die Nerven sind allmählich angesichts des angerichteten Chaos im Kinderzimmer überstrapaziert?

Tief durchatmen und sich klar machen, dass kreatives Spielen die Intelligenz fördert!

Ein gewisses Chaos kann zudem die Kreativität anregen. Es begünstigt Leistungen in Kunst, Musik, Fremdsprachen und ähnlichen Fächern. Schwer in der Schule haben es komplett chaotische Kinder. Theoretisch könnten sie in den meisten Fächern gut sein. Sie sind es aber nicht, weil sie nie dabei haben, was sie gerade brauchen. Ein bisschen Unordnung ist also ok, ein Mindestmaß an Ordnung sollte aber jedem Kind abverlangt werden.

*bałagan*
*Aussprache: ba'wagan*
*Polnisch für Unordnung, Durcheinander, Wirrwarr, Chaos*

Die wichtigsten Ordnungsregeln auf einem Blick:

- → *Alles hat seinen Platz – für alles gibt es einen Platz!*
- → *Jeder weiß, wo Gegenstände des täglichen Bedarfs hingehören.*
- → *Wer etwas benutzt hat, bringt es an seinen Platz zurück.*
- → *Kaputtes wandert in den Müll.*

# Zeit ist wichtiger als Zeug

Dass die kleine Prinzessin in ihrem Schloss, mit jeder Menge Spielzeug, aber keinem Gefährten zum Spielen, nicht so glücklich ist wie die barfußlaufenden Kinder aus Bullerbü, die zu Weihnachten nur ein paar Nüsse und Stricksocken geschenkt bekommen, ist uns eigentlich allen klar.

Warum setzen wir es dann nicht ein bisschen mehr in die Tat um?

Wir können unseren Kindern helfen, den Blick auf die Dinge zu richten, die man nicht mit Geld kaufen kann. Gemeinsame Unternehmungen und kleine Projekte sind viel wertvoller als das nächste Spielzeug. Den Nachmittag mit Freunden zu verbringen macht glücklicher, als immer dem neuesten Trend-Spielzeug hinterherzujagen. Mehr zu diesem Thema gibt es in dem Kapitel KREATIVES.

*Es ist Zeit, gemeinsame Glücksmomente zu schaffen!*

# Familienordner – den Papierwust in den Griff kriegen

Mit Kindern im Haus muss man sich mit einer großen Flut von Papieren auseinandersetzen. Von Informationszetteln von Kindergarten, Schule und Sportverein über Broschüren mit Ausflügen, geplanten Aktionen bis hin zu den aktuellen Telefonlisten und dem neuen Stundenplan. An einigen Wochen steigt die Anzahl der Zettel gefühlt ins Unermessliche. Sammelt man sie aber alle an einem zentralen Ort (unterteilt nach Kindern oder nach der Reihenfolge der anstehenden Termine) kann man weitestgehend den Überblick behalten.

Hilfreich kann dabei ein Familienordner sein. Ein Ordner, in dem man alles ganz leicht abheften oder in Klarsichtfolien stecken und in dem man Informationen schnell finden kann – und nicht suchen muss. Auch die Kinder wissen so, wo sie wichtige Telefonnummern oder Bustickets für den nächsten Monat finden können.

Was alles in diesem Ordner aufbewahrt werden kann:

- *Notfallnummern*
- *Telefonlisten*
- *Stundenpläne*
- *Quittungen*
- *Garantiescheine*
- *Konzertkarten*
- *Gutscheine*
- *Einladungen*

Diese Art der Aufbewahrung ist eine sinnvollere Alternative als die »alles an einer Pinnwand | alles am Kühlschrank«-Methode, die meist sehr unordentlich wirkt und nicht selten wichtige Zettel und Termine verschluckt.

Allerdings muss auch so ein Ordner regelmäßig neu sortiert werden. In den Müll können Sachen wie:

- *Gutscheine für den Zoo – gültig bis zum letzten Jahr*
- *Bedienungsanleitung für ein Gerät, das schon längst entsorgt wurde*
- *Info-Zettel von alten Veranstaltungen*

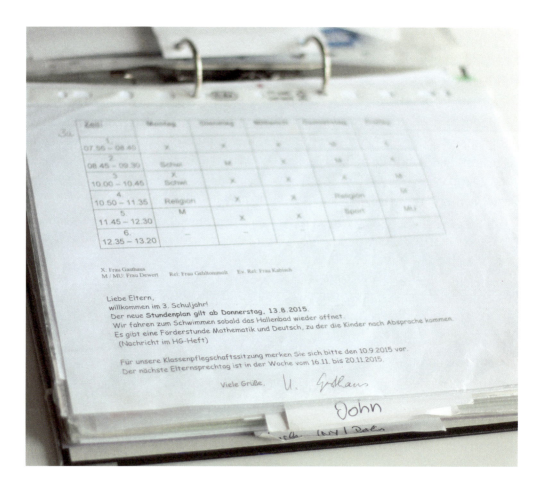

Eine weitere Flut an Papieren kommt in Form von Kunstwerken ins Haus – Kunst unserer Kinder. Beim ersten Kind wird vielleicht noch jeder Schnipsel aufbewahrt, doch mit jedem weiteren Kind sollte man etwas rationaler vorgehen. Bei uns sind tatsächlich zwei Drittel aller Sachen, die aus dem Kindergarten mitgebracht wurden, in den Papiermüll gewandert. Nicht sofort, aber sehr bald. Das andere Drittel wurde in eine Klarsichthülle gesteckt und im jeweiligen Ordner des Kindes abgeheftet. So entstand für jedes Kind eine Sammlung mit den schönsten Bildern, an denen die Entwicklungen und die künstlerischen Fähigkeiten wunderbar abzulesen sind. Aber auch Klassenfotos, Urkunden und Zeitungsartikel werden hier gesammelt. Ein großartiges Nachschlagewerk, das immer wieder rausgeholt wird, um darin zu blättern.

Weitere Ideen, um die Kunst vom Kind zu würdigen:

- *Das schönste Bild einrahmen und aufhängen.*
- *Eine ganze Wand mit den Bildern verschönern und diese regelmäßig auswechseln.*
- *Zu Weihnachten einen Kalender basteln und den Großeltern damit eine Freude machen.*

Eine Idee für große, gebastelte Kunstwerke (Laternen, Tiere aus Pappmaché, etc.): direkt ein Foto zur Erinnerung machen. Und spätestens, wenn das Kunstwerk ausgeblichen oder zugestaubt ist: ab in den Müll damit. Ohne schlechtes Gewissen! Die Freude darüber, dass das Kind so etwas Tolles gebastelt hat, bleibt im Herzen abgespeichert.

# Anregungen für ein besseres Zeitmanagement

Es gibt viele gute Bücher über Zeitmanagement, doch die zu lesen kostet wieder wertvolle Zeit. Dabei gibt es ganz simple Tricks, wenn man das Gefühl hat, nicht mehr Herr über die eigene Zeit zu sein, wenn einem mal wieder alles über den Kopf wächst.

1. *Einen Kalender benutzen. Jeden Tag!*
2. *Aufgaben notieren und realistisch die Zeit einplanen, die dafür benötigt wird!*
3. *Puffer mit einplanen – Pausen sind wichtig!*
4. *Fristen lieber ein paar Tage früher einplanen, damit es notfalls einen Puffer gibt.*
5. *Prioritäten setzen!*
6. *Aufgaben delegieren, die man aus der Hand geben kann!*
7. *Ohne Handy ins Bett gehen und am nächsten Morgen nicht direkt vor dem Frühstück drauf gucken!*
8. *Sätze wie »Beeil dich« und »Ich muss noch ganz schnell …« aus dem Wortschatz streichen!*

# Übungen und Strategien, um mit Alltagsstress besser umzugehen

## Lachen

Es ist wissenschaftlich bewiesen: Lachen stärkt nicht nur die Abwehrkräfte, sondern lindert auch Schmerzen und baut Stress ab. Lachen hebt die Stimmung, weil der Körper Glückshormone ausschüttet. Das Beste ist jedoch: Das alles funktioniert auch dann, wenn wir absichtlich und grundlos lachen. Bei großer Anspannung einfach mal die Augen schließen und vor sich hin lächeln. Oder noch besser: laut lachen! Das befreit nicht nur, sondern hilft auch, Abstand zu gewinnen und die Perspektive zu wechseln. Denn Stress kommt häufig nicht nur von außen. Wir machen ihn uns selbst, indem wir Denkmustern folgen, die uns ausbremsen und auslaugen. Das klingt übertrieben? Dann ist es zumindest ein Anfang, sich jeden Morgen im Spiegel ein Lächeln zu schenken!

## Guten Morgen

Im Hausflur, in der Bahn, beim Bäcker: Wir begegnen so vielen Menschen, doch oft bekommen wir die Zähne nicht auseinander und gucken nicht wirklich hin. Blickkontakt und ein freundliches »Guten Morgen« lassen den Tag viel besser starten.

Es ist immer besser, derjenige zu sein, der lächelt, als derjenige, der nicht zurücklächelt!

## NEIN sagen,

ohne sich erklären zu müssen! Vielen Menschen fällt es schwer, doch dies ist tatsächlich der einfachste Weg, um mehr Zeit und somit weniger Stress zu haben. Ein klares Nein zu Terminen, Verabredungen und Aufgaben, die gerade nicht in den Kalender passen oder bei denen man sich nicht wohl fühlt. Ein Ja, das von Herzen kommt, ist für alle Beteiligten angenehmer.

Auf der anderen Seite müssen wir auch mit einem Nein rechnen und lernen, damit umzugehen. Wir sollten darauf vertrauen, dass am Ende der Straße ein viel besseres Ja auf uns wartet!

*Die Freiheit des Menschen liegt nicht darin,*
*dass er tun kann, was er will,*
*sondern dass er nicht tun muss, was er nicht will.*
*Jean-Jacques Rousseau*

## No Multitasking

Sich lieber auf eine Sache konzentrieren, nicht fünf Dinge gleichzeitig erledigen. Werden Aufgaben nacheinander und mit voller Aufmerksamkeit erledigt, passieren weniger Fehler und man spart am Ende Zeit und Nerven.

## Meditieren

Die stille Einkehr von einigen Minuten kann reichen, um gelassener zu sein, besser schlafen zu können und sich leichter zu fokussieren. Es gibt sehr gute Apps, die eine Einführung sowie Anleitung zur Meditation bieten.

## Gedankenreisen

Wenn einem gerade alles zu viel wird, kann man sich kurz mal hinsetzen und an einen schönen Ort denken. Einen Ort, an dem man schon einmal war oder wo man gerne mal hin möchte.

Eine gute Übung für alle, denen Meditieren zu fremd vorkommt.

## Bewegung

Drei Minuten recken und strecken, lachen und springen, wenn gerade alles doof ist. Oder dreimal die Treppe hoch und runter laufen. Bewegung macht müde Knochen munter und kann die Gedanken im Kopf neu sortieren. Wer etwas mehr Zeit hat, sollte sich einen zügigen Spaziergang oder eine Runde mit dem Fahrrad gönnen. Frische Luft ist auch bei jeglicher Art von schlechter Laune immer eine gute Idee.

## Nähe

Menschen, die einem gut tun, die sich mit einem freuen können und mit denen man kleine Glücksmomente sammeln kann – zu diesen Menschen sollte man regelmäßig Nähe suchen. Sich auf eine Tasse Kaffee zu treffen kann schon reichen, um für einen kurzen Moment aus dem Alltag zu fliehen. Einfach die Kinder einpacken und eine kleine Auszeit nehmen. Die Arbeit zu Hause wird (leider) in der Zeit nicht weglaufen ...

## Dankbar sein

Sich einmal ganz bewusst auf die guten Dinge im Leben konzentrieren tut gut! Wofür bin ich heute dankbar?

Wir neigen dazu, uns rückblickend viel zu sehr an die negativen Sachen zu erinnern. Schöne Ereignisse und gute Gedanken bekommen dadurch weniger Beachtung, als sie es eigentlich verdient hätten.

Wer jeden Abend den Tag Revue passieren lässt und ein bis zwei Dinge aufschreibt, die an dem Tag gut waren, lenkt den Blick aufs Positive. Dadurch wird man nicht nur dankbarer, sondern auch glücklicher.

## Planung

Wer am Abend ein bisschen Zeit investiert, hat am Morgen einfach weniger Stress. In vielen Familien ist es am Morgen hektisch. Dann werden auf den letzten Drücker

Brote geschmiert, Socken gesucht und Zöpfe geflochten. Schlechte Stimmung ist da garantiert. Doch das muss nicht sein. Plant man etwa vor dem Zubettgehen eine Familien-Aufräumrunde von fünf bis zehn Minuten ein, um wenigstens den Fußboden frei zu bekommen und die Wäsche in den Wäschekorb zu werfen, lässt sich der Morgen schon viel entspannter angehen.

## Auszeit nehmen

Für einige Eltern mag es undenkbar sein, andere praktizieren es regelmäßig: sich als Paar ganz bewusst eine Auszeiten nehmen! Auch – oder gerade – in sehr stressigen oder anstrengenden Zeiten sollte man sich und seiner Beziehung eine Auszeit gönnen. Ein Abend kann reichen, ein ganzes Wochenende ist der pure Luxus. Egal, wie viel Zeit man rausschlagen kann – für die Beziehung ist es enorm wichtig, auch mal wieder Gespräche fern von Windeleimer & Co. zu führen. Wer früh genug mit solchen Auszeiten anfängt, gewöhnt seine Kinder daran, dass ihre Eltern auch mal was alleine machen.

Es gibt keine Großeltern in der Nähe? Oft lassen sich Freunde in ähnlichen Situationen finden, andere Familien, mit denen man sich austauschen und gegenseitig unterstützen kann. Je älter Kinder werden, desto aufregender finden sie es, bei Freunden zu übernachten.

# KÖSTLICHES: Soulfood für Regentage – einfache Lieblingsrezepte, die wenig Zeit brauchen

**Was euch in diesem Kapitel erwartet:**

In der Küche kann man täglich, immer wieder aufs Neue, mit seinen Kindern Ordnung üben. Hier können Kinder im alltäglichen Geschehen lernen, was es bedeutet, im Haushalt zu helfen: Der Tisch muss gedeckt, die Getränke geholt, das Gemüse geschnitten werden. Nach der Mahlzeit muss der Tisch wieder abgedeckt, der Abwasch gemacht und der Müll rausgebracht werden. Essenszeit ist Familienzeit, und wenn die Arbeit geteilt wird, umso besser.

Die meisten Kinder lieben es, kleine Aufgaben zu übernehmen und in der Küche mitzuhelfen. Schon die Kleinsten können den Tisch decken (wenn das Geschirr und die Gläser gut erreichbar im Schrank verstaut sind), und auch die ersten Übungen, mit einem Messer die Gurke zu schneiden, lässt sie wachsen und stolz sein.

Kindern den Abwasch zu überlassen bringt am Anfang sicher mehr Arbeit als Entlastung – doch auf lange Sicht gesehen ist es sinnvoll, ihnen solche Aufgaben früh genug zu übertragen. Auch saugen, Wäsche zusammenfalten und den Müll rausbringen lassen sind gute Vorbereitungen für die Zukunft.

Mein Ziel war es immer, dass meine Kinder – wenn sie groß genug sind - sich auch mal selber was zu essen machen können, wenn ich mal nicht da bin. Sie sollten wissen, was sie wo in welcher Schublade finden, und ganz wichtig: sie sollten anschließend auch alles wieder weg räumen! Voraussetzung dafür: kinderleichte Rezepte.

Egal ob im Alltag oder an verregneten Wochenenden: Wir lieben einfache und schnelle Gerichte. Wir mögen selbst zubereitetes Essen, für das man nicht lange in der Küche stehen muss. Die nachfolgenden Rezepte sind bei uns seit Jahren erprobt und wurden – zusammen mit meinen Kindern – für dieses Buch ausgewählt. Sie alle haben das Gütesiegel »Lieblingsrezepte«.

Bei sämtlichen Backrezepten verwenden wir Dinkelmehl (630), Rohrohrzucker sowie Bourbon-Vanillezucker. Natürlich kann stattdessen Weizenmehl, Zucker und einfacher Vanillezucker verwendet werden. Doch für uns gehört diese Ausstattung – neben Bio-Eiern – zur Grundversorgung und lässt das Backwerk für uns besser schmecken.

# Frühstück

Zu Schulzeiten habe ich es geliebt, wenn wir uns in einer Freistunde in das Café neben der Schule gesetzt haben. Dort habe ich immer Joghurt mit Müsli und Honig bestellt. Bei uns zuhause gab es nie Müsli, und irgendwie bin ich auch nie auf die Idee gekommen, meine Mutter darum zu bitten, Müsli für mich zu kaufen. Wir hätten vermutlich sowieso nicht gewusst, welches Müsli überhaupt gut ist.

Mittlerweile bin ich ein Müsli-Profi, denn bei uns gehört es zum Frühstück dazu wie für viele das Ei oder der Toast. Durch das gesamte Angebot unseres Supermarktes habe ich mich durchprobiert, bis mir klar wurde, dass es das perfekte Müsli nur gibt, wenn man es selbst macht. So kann man seine Lieblingszutaten zusammenmischen und auf das verzichten, was man nicht mag. Wer einmal selbst gemachtes Müsli gegessen hat, wird kein gekauftes mehr haben wollen.

# Rezept für ein Blech frisches Knuspermüsli

- 300 g Haferflocken (zart oder kernig)
- 200 g gemischte Nüsse, grob gehackt (ganz egal ob Mandeln, Haselnüsse, Cashewkerne)
- nach Belieben: 100 g Sonnenblumenkerne, Kokosflocken, Sonnenblumenkerne, Sesam oder Leinsamen (oder von allem etwas oder sämtliche Reste aus geöffneten Tüten)
- 2 TL Zimt
- 60 g neutrales Öl
- 60 g Honig
- 100 g Cranberrys oder Rosinen

1. Alle Zutaten – bis auf die Cranberrys oder Rosinen – in eine große Schüssel geben und mit einem Kochlöffel mischen.
2. Auf ein mit Backpapier ausgelegtes Backblech geben.
3. 20-30 Minuten bei 180 Grad backen – nach der Hälfte der Zeit einmal umrühren.
4. Nach dem Abkühlen die Cranberrys oder Rosinen unterheben und in ein luftdichtes Gefäß abfüllen.
5. Das Knuspermüsli hält sich in einem geschlossenen Gefäß mindestens 14 Tage (wird aber garantiert viel früher leer sein!).

Eine Zeit lang hatten wir den Deal, dass unser Sohn am Samstagmorgen die Brötchen holt und sonntags die große Tochter, da am Sonntag nur der Bäcker geöffnet hat, der ein Stück weiter weg ist. Als unsere Tochter in das Alter kam, in dem frühes Aufstehen am Sonntagmorgen nicht mehr akzeptiert wird, fing ich an, unsere Sonntagsbrötchen selbst zu backen. Die schmecken nicht nur viel besser als die Brötchen vom Bäcker, sondern sind auch noch schneller hergestellt als vielleicht angenommen. Der Clou ist nämlich, den Teig am Abend vorher schon anzurühren. Und beherrscht man die Zubereitung einmal, sind der Kreativität keine Grenzen gesetzt.

## Grundrezept für Sonntagsbrötchen

- *500 g Dinkelmehl (630)*
- *1 Tütchen Hefe oder 1 Würfel frische Hefe*
- *1 TL Zucker*
- *1 TL Salz*
- *340 ml Wasser*

1. Die Hefe mit dem Wasser verrühren und zu den trockenen Zutaten geben.
2. Mit dem Knethaken einer Küchenmaschine – oder mit den Händen – alle Zutaten kurz verkneten.
3. Deckel oder Geschirrtuch auf die Schüssel legen und über Nacht in den Kühlschrank stellen.
4. Am nächsten Morgen zwölf kleine Brötchen formen.
5. Nach Belieben in Mohn, Sesam oder Sonnenblumenkerne wenden.
6. Ca. 16 Minuten im vorgeheizten Backofen bei 200 Grad backen.

**Variationen:**
- *100 g Vollkorn-Dinkelmehl + 400 g Dinkelmehl*
- *oder 100 g Haferflocken + 400 g Dinkelmehl*
- *oder 250 ml Buttermilch statt Wasser*

**Der Teig eignet sich auch, um Stockbrot zu machen. Dazu wird der Teig einfach dünn um einen dicken, mit Alufolie umwickelten Stock gewickelt und über Feuer gehalten.**

Buttermilch soll ja bekanntlich schön machen. Leider mag ich keine Buttermilch – auf jeden Fall nicht pur getrunken. Deshalb musste ich mir eine Möglichkeit suchen, um trotzdem an ihre Vorteile heranzukommen: Ich versuche, so oft es geht, Buttermilch beim Backen zu verwenden. So wie bei diesen Mini-Pfannkuchen.

# Rezept für extra-fluffige-Buttermilch-Pancakes

- 40 g Butter, zerlassen
- 40 g Zucker
- 4 Eier
- 400 g Dinkelmehl
- 2 TL Backpulver
- 500 g Buttermilch
- 1 Prise Salz
- Öl zum Backen

1. Butter und Zucker in einer Schüssel schaumig schlagen.
2. Nach und nach die Eier unterrühren.
3. Mehl, Backpulver und Salz abwechselnd mit der Buttermilch unterrühren und den Teig anschließend ca. 15 Minuten quellen lassen.
4. Etwas Öl in einer Pfanne erhitzen.
5. Mit einem Esslöffel kleine Mengen von dem Teig in die Pfanne setzen und zu kleinen Pfannkuchen verstreichen.
6. Die Pfannkuchen von beiden Seiten jeweils zwei bis drei Minuten backen und sofort servieren.
7. Dazu passt der pinke Apfelmus von Seite 70.

# Bunter Obstsalat mit Joghurt-Körner-Topping

- 2 Orangen
- 2 rotschalige Äpfel
- 2 kleine Bananen
- 2 Kiwis
- 1 Zitrone
- 2 EL Honig
- 250 g Naturjoghurt
- 4 EL Körnermix (Kürbiskerne, Sesamsamen, Sonnenblumenkerne) oder 4 EL selbst gemachtes Müsli (siehe oben)

1. Eine Schüssel für das Obst bereitstellen.
2. Die Zitrone auspressen und mit dem Honig verrühren.
3. Körnermix nach Belieben in einer Pfanne ohne Fett goldbraun rösten und abkühlen lassen (oder diesen Punkt übergehen und am Ende auf das selbst gemachte Müsli zurückgreifen, falls vorhanden).
4. Die Orangen schälen, in einzelne Fruchtspalten teilen und in Stücke schneiden.
5. Äpfel waschen, in mundgerechte Stücke schneiden.
6. Bananen schälen und in kleine Stücke schneiden.
7. Die Kiwis schälen, längs halbieren und die Hälften in Scheiben schneiden.
8. Die Zitronen-Honig-Mischung über das Obst geben und vorsichtig mischen.
9. Den Obstsalat auf kleine Schüsseln verteilen und nach Belieben mit Joghurt und dem Körnermix (oder dem Müsli) garnieren.

# Für den süßen Zahn

## Apple Crumble

Dieses Rezept gehört zu meinen persönlichen Kindheitserinnerungen. Kein Urlaub in England verging ohne eine Portion meines heißgeliebten Apple Crumble mit Vanillesoße. Damals gab es bei unserer Familie immer eine Portion aus der Tiefkühltruhe für mich. Für meine Kinder gibt es dieses Essen sehr häufig an einem Sonntagmittag, wenn für abends ein herzhaftes Abendessen geplant ist. Es braucht kaum Vorbereitungszeit.

**Für das Obst (ergibt ca. 8 Portionen – das Rezept kann problemlos halbiert werden)**

- *1 kg Äpfel*
- *Saft einer halben Zitrone*

1. Die Äpfel klein schneiden.
2. Äpfel mit etwas Zitrone beträufeln und in eine Auflaufform geben.
3. Den Ofen auf 180 Grad vorheizen.

**Für das Crumble (die köstlichen Krümel oben drauf)**

- *100 g Dinkelmehl*
- *80-100 g Zucker*
- *100 g Butter*
- *50 g gemahlene Mandeln*
- *50 g gehobelte oder gehackte Mandeln*
- *50 g Haferflocken*
- *eine Prise Zimt*

1. Die Zutaten rasch mit den Händen vermengen, zu Krümeln zerreiben und über das Obst streuen.
2. Im vorgeheizten Backofen ca. 25 Minuten backen.
3. Mit Vanillesoße servieren.

**Alternative:** Statt der gehobelten Mandeln oder der Haferflocken kann man auch 100 g des selbst gemachten Knuspermüslis verwenden.

# Lieblingsplätzchen

Egal ob zu Ostern, Weihnachten oder zu Geburtstagen. Bei uns werden mehrmals im Jahr Plätzchen gebacken, und wie Kinder so sind, mögen sie am liebsten bereits bekannte und erprobte Rezepte. Deshalb verrate ich an dieser Stelle unser All-time-favourite-Plätzchenrezept. Ein besseres – ebenso schlichtes – hab ich nie gefunden.

- *400 g Dinkelmehl*
- *200 g Butter, in Stücken*
- *100 g Puderzucker*
- *1 Tütchen Bourbon Vanillezucker*
- *etwas Zitronenabrieb*
- *1 Ei*

1. Zutaten miteinander verkneten und den Teig mindestens eine halbe Stunde kalt stellen.
2. Den Teig auf einer bemehlten Arbeitsfläche ausrollen und von den Kindern ausstechen lassen. Währenddessen den Ofen auf 180 Grad vorheizen.
3. Plätzchen ca. 15 Minuten backen (je nach Ofenleistung).
4. Nach dem Abkühlen können die Kekse verziert werden.

# Lieblingswaffeln

Wie viele unterschiedliche Waffelteige ich in meinem Leben schon angerührt habe, vermag ich gar nicht zu sagen. Immer war ich auf der Suche nach dem perfekten Rezept, nach der passenden Konsistenz und Menge. An irgendeinem Wochenende haben wir sie dann gefunden: die perfekten Lieblingswaffeln. Jahrelanges Herumexperimentieren hat sich gelohnt, seitdem verwende ich kein anderes Rezept mehr. Das einzige, womit wir jetzt noch herumexperimentieren, sind die Toppings, die köstlichen Beilagen zu den Waffeln.

*250 g weiche Butter*

*120 g Rohrohrzucker*

*1 Tütchen Bourbon Vanillezucker*

*5 Eier*

*450 g Dinkelmehl*

*50 g gemahlene Haselnüsse*

*½ Tütchen Backpulver*

*1 Becher Schmand (250 g)*

*1 Becher Milch*

*ein Schluck Mineralwasser*

1. Butter, Zucker und Vanillezucker cremig rühren.
2. Die Eier einzeln unterheben.
3. Schmand zu der Butter-Eier-Mischung geben und den leeren Becher mit Milch auffüllen.
4. Mehl mit Haselnüssen vermengen und abwechselnd mit der Milch unter den Teig rühren.
5. Einen Schluck Mineralwasser zum Teig geben und ihn portionsweise in ein Waffeleisen geben.
6. Am besten schmecken die Waffeln mit heißen Kirschen, Sahne und Vanillesoße.
7. Wer keine Nüsse verträgt, kann auch 500 g Mehl verwenden.

Das Rezept eignet sich perfekt, um es zu halbieren (dann drei Eier verwenden) oder um es zu verdoppeln, wenn eine große Runde Hunger hat.

# Pinker Apfelmus

Wir lieben Apfelmus. Natürlich am liebsten zu Pfannkuchen, aber auch zu unseren Lieblingswaffeln schmeckt Apfelmus köstlich.

Wir haben einmal im Herbst zwei Kisten mit den schönsten Äpfeln geschenkt bekommen. Nachdem wir unzählige Apfelkuchen gebacken hatten, waren immer noch so viele Äpfel übrig, dass ich kurzentschlossen Apfelmus gekocht habe. Seitdem gibt es keinen gekauften Apfelmus mehr bei uns ...

- *1 kg Äpfel*
- *1 Zitrone*
- *50 g Heidelbeeren (frische oder aus der Tiefkühltruhe)*
- *100 ml roter Trauben- oder Kirschsaft*
- *1 Zimtstange*
- *2 Tütchen Bourbon Vanillezucker*

1. Einen großen Topf bereitstellen.
2. Äpfel waschen, klein schneiden (mit oder ohne Schale – bei Bio-Äpfeln lasse ich sie dran, andere Äpfel schäle ich lieber) und in den Topf geben.
3. Die Zitrone über den Äpfeln auspressen.
4. Die Heidelbeeren mit in den Topf geben.
5. Saft, Zimtstange und Zucker in den Topf geben.
6. Alles ca. 15 Minuten köcheln lassen.
7. Kurz abkühlen lassen und mit einem Pürierstab vorsichtig pürieren.

**Sollte von dem Apfelmus noch was übrig bleiben, kann man ihn wunderbar einfrieren.**

# Lieblingskuchen

## Zimtkuchen

Es gibt Menschen, die Zimt mit Weihnachten in Verbindung bringen. Bei uns ist das nicht so, denn Zimt kommt bei uns ganzjährig zum Einsatz. Nicht nur in unserem selbst gemachten Müsli, sondern auch in diesem kleinen Zimtkuchen, den wir immer in einer kleinen Springform (20 cm) backen. Der Kuchen reicht nur für eine kleine Runde, er eignet sich aber auch als Mitbringsel oder zusätzliches Geburtstagsgeschenk!

*60 g Butter*
*100 g Rohrohrzucker (oder Kokosöl)*
*1 Ei*
*1 Tütchen Bourbon Vanillezucker*
*125 ml Buttermilch*
*120 g Dinkelmehl*
*1 TL Backpulver*
*1 TL Zimt*
*Zum Bestreuen: ausreichend Zimt-Zucker-Mischung*

1. Butter mit dem Zucker schaumig rühren.
2. Ei und Vanillezucker dazugeben.
3. Milch abwechselnd mit den trockenen Zutaten unterrühren, so dass ein glatter Teig entsteht.
4. Kuchen ca. 35 Minuten bei 180 Grad backen.
5. Mit einer Stäbchenprobe gucken, ob der Kuchen fertig ist (wenn noch Teig am Spieß klebt, den Kuchen noch kurz im Ofen lassen).
6. Sobald der Kuchen aus dem Ofen kommt, mit Zimt-Zucker-Mischung bestreuen.

In unserer Rezeptesammlung gibt es jede Menge Lieblingsrezepte, darunter sind acht bis zehn verschiedene für Apfelkuchen. Denn im Gegensatz zu Schokoladenkuchen mag bei uns jeder Apfelkuchen.

Mein Favorit für dieses Buch wäre ein anderer gewesen, doch auf Wunsch meiner jüngsten Tochter hat nun ihr Lieblingskuchen das Rennen gemacht. Da dies ein Buch für Familien ist, wollte ich den Kinderwünschen nicht im Weg stehen. Diese französische Apfeltarte, mit dünn geschnittenen Äpfeln und leckeren Zimt-Streuseln oben drauf, habe ich schon so oft gebacken, dass ich bei erneutem Wünschen nach diesem Kuchen manchmal die Augen verdrehe und denke »Ach, nicht schon wieder!«.

Doch wenn der Kuchen frisch aus dem Ofen gekommen ist und mit einem Klecks Sahne auf meinem Teller liegt, dann verstehe ich, warum er Zoés Lieblingskuchen ist!

# Französische Apfeltarte

**Für den Teig**

- 200 g Dinkelmehl
- 40 g Rohrohrzucker
- ½ TL Backpulver
- eine Prise Salz
- 125 g Butter

**Für die Streusel**

- 80 g Dinkelmehl
- 20 g feine Haferflocken
- 60 g Rohrohrzucker
- 1 TL Ceylon Zimt
- 50 g Butter

**Außerdem**

- 500–600 g Äpfel
- 2 EL Marmelade (was gerade im Haus ist)

1. Zutaten für den Teig schnell zu einem glatten Teig verkneten. Wenn der Teig zu trocken ist, 1 EL kaltes Wasser zugeben. Den Teig in Folie wickeln und mindestens eine Stunde in den Kühlschrank legen.
2. Zutaten für die Streusel mit den Händen zu Streuseln verarbeiten und ebenfalls kalt stellen.
3. Den Teig auf einer mit Mehl bestäubten Fläche ausrollen und eine Tarteform (mit herausnehmbaren Boden) damit auslegen. Den Boden mehrmals mit einer Gabel einstechen.
4. Die Äpfel in dünne Scheiben schneiden (geschält oder nicht geschält? Das bleibt jedem selber überlassen. Bei Bio-Äpfeln lasse ich die Schale immer dran).
5. Den Teig mit den Äpfeln belegen.
6. Marmelade kurz erwärmen und die Äpfel damit bestreichen.
7. Die Streusel über den Äpfeln verteilen und die Tarte im vorgeheizten Backofen ca. 40 Minuten bei 180 Grad backen.
8. Kurz abkühlen lassen und mit Sahne servieren.

# Beerige Cupcakes

Orangensaft gehört für uns zum Sonntags-Frühstück genauso dazu wie die Sonntagsbrötchen. Und da wir somit am Wochenende immer einen Liter Orangensaft im Haus haben, können wir auch jederzeit diese leckeren kleinen Cupcakes backen. Cupcakes sind eigentlich nichts anders als Muffins, nur dass sie meist eine hübsche Verzierung oben drauf bekommen.

**Für 12 Stück**

- *125 g Butter*
- *100 g Zucker*
- *1 Tütchen Bourbon Vanillezucker*
- *Prise Salz*
- *2 Eier*
- *300 g Dinkelmehl*
- *125 ml Orangensaft*
- *80 g Blaubeeren + 12 Blaubeeren zum Verzieren*
- *100 g Frischkäse*
- *30 g Puderzucker*
- *etwas rote Lebensmittelfarbe*

1. Butter mit dem Zucker schaumig rühren.
2. Eier, Vanillezucker und Salz dazugeben, rühren.
3. Orangensaft abwechselnd mit dem Mehl – nur kurz – unterrühren.
4. Blaubeeren unter den Teig heben.
5. Teig in 12 Muffinförmchen füllen.
6. Cupcakes ca. 25 Minuten bei 200 Grad backen.
7. Mit einer Stäbchenprobe gucken, ob die Cupcakes fertig sind.
8. Anschließend Frischkäse mit dem Puderzucker und der Lebensmittelfarbe mit dem Mixer glatt rühren und je ein TL davon auf die abgekühlten Muffins verteilen

# Herzhaftes

## Spinat Pesto

Die milde Alternative zum herkömmlichen Pesto aus Basilikum hat viele Vorteile. Die Zutaten kann man im Vorrat lagern, und die Zubereitung dauert nur so lange, wie die Nudeln kochen ...

- 100 g Blattspinat (Tiefkühlware, portioniert)
- 50 g Parmesankäse, gerieben
- 50 g gehackte Haselnüsse
- 50 ml Gemüsebrühe (oder Nudelwasser)
- 50 ml Olivenöl

1. Den Blattspinat kurz in der Mikrowelle oder in der Pfanne auftauen und anschließend ausdrücken.
2. Alle Zutaten miteinander in einem hohen Gefäß pürieren.
3. Evtl. noch etwas von dem Nudelwasser dazugeben und servieren.

Schmeckt auch auf einer Scheibe Brot oder als Belag auf Pizza.

Die Reste können gut eingefroren werden.

# Käsebrot

Dieses Brot ist nicht nur schnell zubereitet, denn hier wird Backpulver statt Hefe verwendet, es ist auch noch superlecker und eignet sich für viele verschiedene Gelegenheiten: zum Grillen, als Party-Mitbringsel, für das Picknick zuhause oder zur Begrüßung von neuen Nachbarn.

Mit einem Dip oder etwas Kräuterbutter kommt das Brot immer gut an und schmeckt frischgebacken am besten. Die Zutaten hat man fast immer im Haus, so dass es auch schnell mal »in der Not« gebacken werden kann:

- *300 g Dinkelmehl*
- *1 Päckchen Backpulver*
- *½ TL Salz*
- *250 ml Milch*
- *150 g geriebener Käse*

1. Alle Zutaten mit einem Holzlöffel vermengen
2. Den Teig in eine mit Backpapier ausgelegte Kastenform legen
3. 40 Minuten bei 150 Grad backen

**Variationen:**

1. 1 TL getrockneter Bärlauch oder Estragon unter den Teig geben.
2. 100 g Mehl mit 100 g Vollkornmehl austauschen.
3. Nicht nur Gouda, auch Mozzarella, Emmentaler oder Cheddar schmeckt gut.

KREATIVES: Gemeinsam fantasievoll sein – gemeinsam Zeit verbringen

**Was euch in diesem Kapitel erwartet:**

- ➲ *Mir ist langweilig!*
- ➲ *Spielideen und Anregungen für Regentage*
- ➲ *Glücksmomente sammeln*
- ➲ *Frische Luft an Regentagen*
- ➲ *Kindheitserinnerungen*
- ➲ *Familientraditionen*
- ➲ *Lebensregeln für Kinder*

Wer sagt, man kann nur draußen Spaß haben? Toben geht auch wunderbar im Kinderzimmer oder überall anders in der Wohnung. Hier kommt eine kleine Sammlung von Aktivitäten für das nächste Regenwetter-Abenteuer.

*Abenteuer für kleine Helden!*
*Freunde, Geschwister und Geschichten in einem Zelt aus Decken.*

# Mir ist langweilig!

Wer kennt ihn nicht, diesen Satz? Sicherlich bekommen alle Eltern ihn mehr oder weniger regelmäßig zu hören – und sind nicht selten ein wenig genervt davon. Dabei ist Langeweile etwas Großartiges! Sie ist die Vorstufe zu tollen Ideen, die irgendwann aus einem heraussprudeln.

Wir sollten unseren Kindern kein Komplett-Programm bei Langeweile anbieten, doch manchmal entwickeln sich aus Anregungen viele tolle Sachen und eigene Ideen:

- ➲ *Sucht ein Lieblingsbuch raus und malt das Titelbild ab.*
- ➲ *Backt eure Lieblingsplätzchen und verschenkt sie an liebe Menschen.*
- ➲ *Holt die Verkleidungskiste heraus und macht ein Fotoshooting.*
- ➲ *Schreibt zusammen Ausflugswünsche auf und steckt sie in ein Glas.*
- ➲ *Bereitet ein Picknick vor – egal ob drinnen oder draußen.*
- ➲ *Spielt eine Runde »Stille Post«.*
- ➲ *Erfindet eine Geheimsprache.*
- ➲ *Zeichnet einen Familienstammbaum.*
- ➲ *Kauft Samen und pflanzt euren eigenen Kräutergarten.*

➲ Stellt alte Zeitschriften zur Verfügung und lasst die Kinder Collagen basteln. Entweder nach eigenen Ideen oder einem vorgegebenen Thema wie zum Beispiel: »Frühling«, »alles in blau« oder »lecker«.

➲ Baut ein Zelt aus Decken.

*Ausgiebiges Spielen mit oder ohne Spielregeln ist wichtig für eine gesunde kindliche Entwicklung.*

# Spielideen und Anregungen für Regentage

## Der Sonnentanz

Dieses Spiel eignet sich für mindestens zwei Spieler, mehr sind noch lustiger.

Benötigt wird eine Iso- oder Yogamatte, die in die Mitte des Zimmers gelegt wird.

Auf die Matte darf sich der erste Spieler stellen und sich einen Sonnentanz ausdenken (passende Lieder findet ihr auf Seite 27). Die anderen Spieler müssen die Figuren nachtanzen, bis das Lied zu Ende ist. Dann ist der Nächste an der Reihe und darf sich seinen eigenen Sonnentanz ausdenken, den die anderen nachtanzen müssen.

# Regenbogen-Fangen

Dieses Spiel eignet sich für mindestens drei Spieler.

Es ist ein bisschen wie »Ich sehe was, was du nicht siehst!«, nur dass in diesem Fall nach Gegenständen in Regenbogen-Farben gesucht wird, um diese dann einzufangen.

Der erste Spieler fängt an und sagt zum Beispiel blau. Alle Spieler müssen nun loslaufen und einen blauen Gegenstand einfangen/anfassen. Jeder Spieler muss einen eigenen Gegenstand finden. Dann ist der nächste Spieler dran und sagt eine Farbe. Wer am Ende die meisten Gegenstände gefangen hat, hat gewonnen.

# Würfelspiel

Dieses Spiel eignet sich für Kinder, die schon zählen können.

Jeder Spieler braucht einen Würfel, Stift und Zettel.

Der jüngste Spieler beginnt und darf in einem Zug bis zu sechs Runden würfeln. Nach jedem Wurf wird die Augenzahl notiert und zum Schluss zusammengezählt. Der Spieler muss aber nach jedem Wurf überlegen, ob er noch einmal würfeln möchte, denn: Wer eine Zwei würfelt, verliert alle in diesem Zug gesammelten Punkte und gibt die Würfel weiter. So geht es reihum.

Wer zuerst 100 Punkte hat, gewinnt.

# Rechenmemory

Dieses Spiel eignet sich für Grundschulkinder.

Bastelt 48 Spielkarten – auf die eine Hälfte der Karten werden Rechenaufgaben geschrieben und auf die andere Hälfte die Lösungen.

Wie bei einem normalen Memoryspiel werden die Karten verdeckt auf den Tisch gelegt und die passenden Ergebnisse zu einer Rechenaufgabe gesucht.

Mögliche Variation: englische Vokabeln.

# Wer weiß das?

Dieses Spiel eignet sich für Kinder, die schon lesen und schreiben können.

Benötigt wird ein Lexikon sowie Zettel und Stift für jeden Spieler.

Dieses Spiel hat ein bisschen was von »Wer wird Millionär«.

Der Älteste der Runde sucht im Lexikon nach einem Begriff, den bestimmt keiner kennt, und schreibt ihn einmal für alle sichtbar auf.

Alle Spieler denken sich nun eine mögliche Bedeutung für den Begriff aus, schreiben diese auf einen Zettel, falten ihn und legen ihn in die Mitte.

Der Älteste der Runde faltet nun auch seinen Zettel mit der richtigen Lösung und liest alle gesammelten Begriffe in einer beliebigen Reihenfolge vor. Die Spieler müssen nun tippen, welche Bedeutung die Richtige ist. Der Älteste gibt die Lösung bekannt, wer richtig getippt hat, bekommt einen Punkt. Dann ist der nächste Spieler dran und darf einen Begriff aus dem Lexikon raussuchen. Und so weiter.

## Wäscheklammern sammeln

Dieses Spiel eignet sich für mindestens drei Personen.

Benötigt werden zwei bis vier Wäscheklammern pro Teilnehmer.

Jeder befestigt seine Wäscheklammern an seiner Kleidung. Sobald das Spiel beginnt, versucht jeder, bei den anderen eine Wäscheklammer zu erwischen. Wem das gelingt, der muss die erbeutete Wäscheklammer an seiner Kleidung befestigen – und dabei seine eigenen Klammern vor den anderen Teilnehmern schützen. Wer keine Wäscheklammern mehr hat, scheidet aus. Gewinner ist der Spieler, der die meisten Wäscheklammern gesammelt hat.

## Wenn es aufhört zu regnen

Dieses Spiel ist eine Variante von »Ich packe meinen Koffer«, nur dass in diesem Fall überlegt wird, was man alles machen kann, wenn die Sonne wieder scheint.

Der erste Spieler fängt an und sagt: »Wenn es aufhört zu regnen, dann gehe ich in den Garten.«

Der nächste Spieler ist dran und erweitert den Satz: »Wenn es aufhört zu regnen, dann gehe ich in den Garten und lege mich in die Hängematte.«

Der nächste Spieler sagt: »Wenn es aufhört zu regnen, dann gehe ich in den Garten, lege mich in die Hängematte und lese ein Buch.«

Wer einen Satz vergisst oder einen Fehler macht, scheidet aus.

Gewinner ist der Letzte, der noch im Spiel ist.

## Was fühlst du?

Dieses Spiel eignet sich für die Kleinsten in der Familie.

Benötigt werden verschiedene Gegenstände, die in einen Beutel gesteckt werden, so dass die kleinen Spieler diese vorher nicht sehen!

Den Spielern werden die Augen verbunden.

Der erste Spieler darf sich einen Gegenstand aus dem Beutel herausholen und raten, was er da fühlt. Rät er richtig, darf er den Gegenstand behalten. Wenn nicht, wandert er wieder in den Beutel und der nächste Spieler ist dran.

Gewinner ist der mit den meisten erratenen Gegenständen.

## Abenteuerparcours

Dieses Spiel eignet sich für alle Kinder und kann ganz ohne Anleitung von Erwachsenen gespielt werden. Am besten wird dieses Spiel in einem Zimmer mit Teppichboden gespielt, da sonst Rutschgefahr besteht.

Benötigt werden alle Kissen, die im Haus gefunden werden.

Die Kissen werden im Zimmer auf dem Boden verteilt und bieten Schutz vor dem Boden – denn der darf auf keinen Fall berührt werden!

Wer schafft es, von Kissen zu Kissen zu hüpfen und so von der Tür bis zur Zimmerecke zu kommen? Für die nächste Runde wird ein Kissen weggenommen, damit es schwieriger wird. Und so weiter.

## Wie gut kennen wir uns?

Dieses Spiel eignet sich sowohl für die Familie als auch für die besten Freunde und kann mit Groß und Klein gespielt werden.

Benötigt werden Stifte und ein Blatt Papier für jeden Spieler. Der erste Spieler stellt eine Frage, die etwas über die Personen am Tisch verrät, zum Beispiel:

Welches ist dein Lieblingstier?
Was ist dein Lieblingsessen?
Wohin möchtest du gerne mal reisen?
Wo bist du noch nie gewesen?
Was machst du sonntags am liebsten?
Wer ist dein Lieblingsmusiker?

Jeder schreibt seine Antwort auf den Zettel sowie die mögliche Antwort seiner Mitspieler. Dann wird verglichen.

Eine wunderbare Möglichkeit, um ins Gespräch zu kommen und vielleicht etwas Neues über seine Mitmenschen zu erfahren.

# Glücksmomente sammeln

Es gibt Momente, die einfach so vergehen.

Und Momente, die uns ewig in Erinnerung bleiben und unser Herz erfüllen. In diesen Momenten fühlen wir uns besonders wohl und wissen, was Glück eigentlich ist.

Wer besondere Momente zu schätzen weiß, speichert diese guten Dinge ab. Das können schöne Augenblicke oder tolle Erlebnisse sein. Kleinigkeiten wie:

- *eine Tasse Tee an einem kalten Tag,*
- *Momente, in denen wir Dankbarkeit empfinden,*
- *ein ehrlich gemeintes Kompliment zu bekommen (oder zu verteilen),*
- *eine Katze zu streicheln,*
- *laut zum Lieblingslied zu singen,*
- *der Geruch von frisch gemähtem Rasen im Sommer,*
- *Sätze von lieben Menschen, die einen berühren.*

Wie wäre es, ein »Schöne-Momente-Glas« aufzustellen?

Dieses Glas kann nach Belieben mit kleinen Zetteln gefüllt werden, auf denen persönliche Glücksmoment aufschrieben werden. Besonders an tristen und traurigen Tagen kann das Lesen dieser Zettel wahre Wunder bewirken.

Wer seine wertvollen Momente lieber nur für sich aufschreiben möchte, kann das mit Hilfe eines schönen Notizbuches machen. Wie bei einem Tagebuch kann es helfen, Gedanken zu sortieren und zu strukturieren.

*Sammle keine Sachen, sondern schöne Momente!*

Auch Ausflugswünsche kann man sammeln, aufschreiben und in ein Glas füllen.

Am Wochenende ist schönes Wetter und es steht nichts im Kalender?

Zieht einen Zettel aus dem Glas und lasst euch überraschen, wohin die Reise führt.

## Unser Jahr in einer Kiste

Wir sammeln über das Jahr hinweg vieles, was in Papierform unser Leben dokumentiert: Tickets, Kinokarten, Einladungen, Postkarten.

Am Jahresende lassen wir das Jahr gemeinsam Revue passieren, erinnern uns an tolle Momente und kleben die besten Erinnerungen in ein schönes Heft oder in das Fotoalbum aus dem Jahr. Alles andere schmeißen wir weg.

## Wochenende-Tagebuch

Unsere Tochter muss, seitdem sie in der 1. Klasse ist und die ersten Sätze schreiben kann, so gut wie jeden Montag in ihr Wochenende-Tagebuch schreiben. Damit trainiert die Klassenlehrerin auf schöne Weise die Fähigkeiten der Kinder. Ab und zu, wenn die Kinder ihre Aufgabe in der Schule nicht fertig bekommen, bringt unsere Tochter das Heft mit, um ihren Bericht am Küchentisch zu Ende zu schreiben, und ich freue mich immer, ein bisschen darin blättern und lesen zu dürfen. Wenn die Grundschulzeit beendet ist, bekommen die Kinder ihre Tagebücher aus den vier Jahren mit nach Hause, und ich kann es kaum erwarten, zusammen mit unserer Tochter die Zeit Revue passieren zu lassen.

Schade, dass ich so einen Rückblick nicht von allen drei Kindern habe.

*Das Großartige an Glücksmomenten?*
*Sie kommen oft völlig unerwartet!*

# Listen zum Befüllen

Wofür bist du heute dankbar?

➔ _____

➔ _____

➔ _____

➔ _____

➔ _____

Zehn Sachen, die du an deinem Leben/Zuhause liebst:

➔ _____

➔ _____

➔ _____

➔ _____

➔ _____

➔ _____

➔ _____

➔ _____

➔ _____

➔ _____

Dinge, die du in den nächsten zwölf Monaten sehen, erleben oder machen möchtest:

➔ _____

➔ _____

➔ _____

➔ _____

➔ _____

# Frische Luft an Regentagen

Es regnet heute und ihr habt das große Glück, nicht rausgehen zu müssen?

Freut euch und seid sicher: Es wird früh genug wieder aufhören zu regnen!

Ihr habt nun schon die Küche aufgeräumt, der Kuchen kühlt gerade ab und ihr habt keine Lust, euch auf das Sofa zu setzen?

Dann ab in die Regenjacke und raus mit euch. Mit den Gummistiefeln durch die Pfützen laufen und eine große Runde frische Luft schnappen. Weil es gesund ist, den Kopf frei macht und weil sich das Heimkommen so großartig anfühlt.

Wieder zurück zuhause ist es erst recht schön, sich bequeme – und trockene – Sachen anzuziehen, die dicken Socken rauszuholen und die Haare mit einem Handtuch trocken zu rubbeln.

Wetten, dass der Kuchen jetzt ganz besonders gut schmeckt?

*Hoppípolla*
*Aus dem Isländischen,*
*bedeutet »in Pfützen springen«*

Weitere Aktivitäten, die für einen verregneten Sonn- oder Feiertag geeignet sind, wenn einem doch die Decke auf den Kopf fällt:

- *Badesachen packen und zum Schwimmbad fahren. Ideal ist ein Schwimmbad mit Außenbereich, weil es so schön ist, im warmen Wasser zu schwimmen, während man von oben nass geregnet wird.*
- *Museumsbesuch. Wann seid ihr das letzte Mal im Museum gewesen? Es muss nicht immer das große und berühmte Museum sein. Auch die kleinen Museen haben ihren Charme und bieten wechselnde Ausstellungen. Nehmt einen Zeichenblock mit und malt ein Bild nach. Zuhause werden die Bilder dann eingerahmt.*
- *Ein Blick in die Tageszeitung bietet oft überraschende Ideen. Wieso nicht einfach mal ein Klavierkonzert besuchen, für das es noch Karten gibt?*
- *Wie wäre es mit einem Kinobesuch? Sonntagsmittags ist es oft günstiger und auch etwas leerer im Kino als am Nachmittag.*

*Wenn es regnet, halte Ausschau nach einem Regenbogen.*
*Wenn es dunkel ist, halte Ausschau nach den Sternen.*

## Kindheitserinnerungen

Wenn ich nach meinen Kindheitserinnerungen gefragt werde, macht sich sofort ein wohliges Gefühl in mir breit. Ich sehe mich mit meinem Vater auf dem Boden liegen und gemeinsam mit ihm die Feuerwehr von Lego aufbauen. Stundenlang hat er mit mir Straßen zusammengesetzt, Häuser gebaut und mit mir gespielt, während meine Mutter samstags arbeiten musste. Sonntags waren wir dann oft zusammen mit dem Fahrrad unterwegs und haben irgendwo ein kleines Picknick gemacht. Wenn es am Wochenende geregnet hat, haben wir uns verkleidet und meine Mutter damit zum Lachen gebracht. Bei unserem ersten Urlaub sind wir mit einem Reisebus – voll mit Senioren – in den Bayerischen Wald gefahren und haben dort in einer kleinen Pension gewohnt. Tagsüber waren wir wandern, und meine Mutter erzählt heute noch, dass ich jeden Weg doppelt gelaufen bin, da ich immer vorgerannt bin, um dann aufgeregt zurückzulaufen und von meinen Entdeckungen zu berichten. Einmal habe ich auf einem dieser Wege Brombeeren entdeckt. Groß und lila und unfassbar lecker, leider viel zu viele für mich alleine. Also habe ich sie kurzerhand in meinen Sommerhut gelegt. Der Hut war leider weiß, und die Brombeer-Flecken sind nie wieder rausgegangen. Aber wir hatten einen wunderbaren Urlaub, an den ich mich auch jetzt noch, nach mehr als 30 Jahren, gerne zurückerinnere.

Ja, Kindheitserinnerungen habe ich viele, und sie sind alle sehr glücklich. Obwohl wir nie viel Geld hatten – oder gerade deshalb? Ich kann es nicht sagen, doch mir hat es nie an irgendetwas gefehlt. Als ich zehn Jahre alt war, kam meine Schwester zur Welt. Finanziell ging es meinen Eltern zu dem Zeitpunkt besser als zu meiner Geburt. Wir mussten nicht mehr an jeder Ecke sparen und konnten im Sommer die Familie in England besuchen. Zum Geburtstag und zu Weihnachten wurden viele unserer Wünsche erfüllt. Doch aus meiner Sicht kann ich sagen, dass meine Kindheit nicht weniger glücklich war als die meiner Schwester. Für meine Eltern war die Zeit mit mir sicher schwerer, doch für mich hat sich meine Kindheit trotz allem unbeschwert und schön angefühlt. So bin ich mit dem Bewusstsein groß geworden, dass Kinder nicht viel brauchen, um eine glückliche Kindheit zu haben.

Liebe, Zuwendung und Zeit sind viel wichtiger als Geld, ein großes Zimmer und viel Spielzeug.

*Die besten Dinge im Leben sind die Menschen, die wir lieben,*
*die Orte, die wir gesehen haben, und die Erinnerungen,*
*die wir auf unserem Weg gesammelt haben.*

# Familientraditionen

Gemeinsame Mahlzeiten spielen in der Familie eine wichtige Rolle, auch wenn nicht immer Zeit dafür bleibt. Kinder lieben das gemütliche Beisammensein, bei dem es Gelegenheit zum Reden, Scherzen und Zuhören gibt. Solche Familienessen, am besten an einem schön gedeckten Tisch, sind viel mehr als nur ein Treffen mit dem Zweck gemeinsamer Nahrungsaufnahme.

Mit ihnen werden warme, glückliche Erinnerungen geschaffen, die ein Leben lang im Gedächtnis bleiben. Und fast immer entwickelt sich daraus so etwas wie eine Tradition, die Kinder übernehmen und in ihren eigenen Familien fortführen.

Eines Tages fragen die Kinder dann nach dem Rezept für den Lieblingskuchen oder sie servieren wie selbstverständlich am Heiligen Abend Würstchen mit Kartoffelsalat, weil das schon bei ihnen zuhause »so üblich« war.

Wer später solche Sätze von seinen Kindern hört, kann sich freuen, denn sie zeigen, dass sich die Kinder in der Familie verwurzelt und beheimatet fühlen und dieses Gefühl und diese Tradition weitergeben wollen.

Die Macht der Festtagsrituale zeigt sich auch bei vielen frisch verliebten Pärchen. Diese bekommen spätestens zu Weihnachten die ersten ernsten Probleme in ihrer Beziehung, denn hier treffen dann Würstchen mit Kartoffelsalat auf Gänsebraten mit Rotkohl, und jeder möchte an seinen Ritualen, die über Jahre hinweg gefestigt wurden, festhalten.

Weihnachten und die damit einhergehenden Traditionen sind somit oft Anlass zum Streit, denn jeder von uns ist mit seinen eigenen Familientraditionen groß geworden. Unser Elternhaus hat uns geprägt und so wollen wir unsere Traditionen fortführen, wie wir sie kennen und lieben gelernt haben.

Doch viel sinnvoller, als seinem Partner die eigenen Traditionen aufdrängen zu wollen, ist es, gemeinsame Traditionen zu entwickeln, neue Wege zu finden. Besonders, wenn gemeinsame Kinder ins Spiel kommen, ist es wichtig, eigene Rituale zu schaffen.

*Kinder sind Gäste, die nach dem Weg fragen.*

*Aus Pakistan*

Bei uns zuhause gab es am Heiligen Abend immer Krabbencocktail und Toastbrot. Nur ein leichtes Abendessen, denn das große Festessen fand am ersten Weihnachtstag bei den Großeltern statt. Bei meinem Mann hingegen gab es immer ein aufwendig zubereitetes Essen: Gans, Rotkohl und Knödel.

Abgesehen davon, dass ich Gans und Rotkohl nicht mag, habe ich mich von Anfang an geweigert, so einen Aufwand zu betreiben. Ich wollte den Heiligen Abend entspannt genießen und ihn nicht mit der Schürze in der Küche verbringen.

Auf unserem Weihnachtsesstisch steht jetzt immer ein Raclettegrill. Für uns eine logische Folge von den verschiedenen Vorlieben unserer Kinder (eins isst vegetarisch, eins liebt Fleisch, eins eigentlich nur Brot, Käse und Mais).

Im vergangenen Jahr versuchte mein Mann, mich von Gans und Rotkohl zu überzeugen und unsere Kinder auf seine Seite zu ziehen. Doch da hatte er die Rechnung ohne den Wirt gemacht. Alle drei Kinder haben ihm – unabhängig voneinander – entrüstet aufgeklärt, dass Raclette unsere Weihnachts-Tradition sei und sie nichts anderes essen wollten.

Mich hat das sehr glücklich gemacht, hat es doch gezeigt, dass unsere Familie ein eigenes Ritual entwickelt hat, das unseren Kindern sehr wichtig ist.

*Die besten Familien-Rituale sind die,*
*in denen ein Wir-Gefühl entsteht.*

## Lebensregeln für Kinder

1. *Hab keine Angst zu sagen, was du denkst.*
2. *Sag immer bitte und danke.*
3. *Niemand ist für dein Glück verantwortlich. Nur du allein!*
4. *Ich bin immer für dich da.*

5. *Liebe deinen Körper und behandele ihn gut.*
6. *Nimm die Treppe – nicht den Aufzug!*
7. *Lästere nicht so viel über deine Mitmenschen.*
8. *Bereise die Welt!*
9. *Nimm dir nachts lieber ein Taxi (ich zahle!), als alleine nach Hause zu laufen oder die Bahn zu nehmen.*
10. *Schätze deine Familie und deine wahren Freunde.*
11. *Gehe nicht mit fremden Menschen mit.*
12. *Es ist egal, was du machst, solange du damit glücklich bist.*
13. *Nicht mit offenem Mund Kaugummi kauen!*
14. *Übernimm Verantwortung für deine Fehler.*
15. *Sag Entschuldigung, wenn du Mist gebaut hast.*
16. *Lass dein Getränk in der Disco nicht aus den Augen.*
17. *Keine Drogen!*
18. *Beziehe dein Bett alle zwei Wochen frisch.*
19. *Probiere jede Eissorte einmal aus.*
20. *Benutze die Kreditkarte nur, wenn es nicht anders geht.*
21. *Mach Komplimente und sei höflich.*
22. *Überschlafe wichtige Entscheidungen mindestens eine Nacht.*
23. *Wahre Schönheit kommt von innen.*
24. *Gehe nie mit einer geliebten Person im Streit auseinander.*
25. *Glaub nicht, was die Werbung dir für echt verkauft.*
26. *Bereue nichts!*
27. *Immer genug trinken!*
28. *Akzeptiere Dinge, die du nicht ändern kannst.*
29. *Zeit heilt alle Wunden!*
30. *Lerne, »Nein« zu sagen.*
31. *Hab keine Angst vor Veränderungen.*
32. *Es gibt nur einen, der dir sagt, wo es langgeht: dein Bauch.*
33. *Kaue nicht an deinen Fingernägeln.*
34. *Tue öfter etwas Gutes (spende z. B. einem Obdachlosen etwas).*
35. *Sei loyal gegenüber deinen Freunden.*
36. *Lass deine Mitmenschen ausreden.*
37. *Erwarte von jedem Menschen das Beste.*
38. *Sei offen und tolerant gegenüber anderen Meinungen.*
39. *Mache niemanden für deine eigenen Fehlentscheidungen verantwortlich.*
40. *Lass dich niemals unterkriegen.*

# Schlusswort

D as Leben besteht nicht nur aus Freizeit und schönen Momenten – »Ordnung schaffen« muss auch mal sein. Glücklich ist, wer »Ordnung schaffen« nicht als notwendiges Übel ansieht, sondern als schönen Weg, um sich zuhause wohl zu fühlen.

Warum? Weil Ordnung einfach guttut. Der Seele, aber auch den Augen. Ordnung beruhigt die Nerven und garantiert Entspannung. In geordneten Räumen fällt es uns leichter, durchzuatmen und Energie zu tanken

Aufräumen ist also nicht spießig, sondern gewinnbringend, denn Ordnung schafft nicht nur Platz, den man oft dringend braucht, sondern spart auch jede Menge Zeit – Zeit, die man sonst mit Suchen verbringen würde.

Entdeckt also die Freude an der Ordnung!

Macht Euch frei von dem Gedanken, ihr MÜSST aufräumen.

Schafft Ordnung, um Euch wohl zu fühlen – nicht, weil dieses Buch es Euch sagt!

Freut Euch über den nächsten Regentag, der Euch nicht vor die Tür lassen möchte, und nutzt die Zeit zum Sortieren, Backen und Spielen. Genießt die Zeit zusammen!

*Von der Last, etwas zu tun,*
*hin zum Frieden, etwas erledigt zu haben.*

Julia Louisa Woodruff

Wenn die Ordnung mal wieder ins Stocken gerät, dann haltet Euch an einen dieser Ordnungstipps:

1. *Eins nach dem anderen*
   *Besser, als alles auf morgen verschieben: schon heute mit einem kleinen Bereich anfangen. Eins nach dem anderen ist leichter zu bewältigen als der große Berg, der nach und nach wächst.*
2. *Alles zurück an seinen Platz*
   *Eine der wichtigsten Ordnungsregeln, die schon die Kleinsten verstehen: Wer etwas benutzt hat, bringt es danach an seinen Platz zurück!*
   *Reine Gewohnheitssache, doch wer diese Regel beherrscht, dem macht die Ordnung keinen Ärger mehr. Hat ein Teil noch keinen festen Platz? Dann unbedingt einen festlegen!*

3. *Aufräumrunde*
   *Morgens und/oder abends zehn Minuten durch die Wohnung wirbeln und aufräumen. Jeden Tag angewandt, wirken diese zehn Minuten Wunder. Priorität bei der Aufräumrunde: den Fußboden freihalten!*
4. *Ordnung schaffen ist gut – Ausmisten noch besser*
   *Unbenutzte Dinge von A nach B verschieben bringt auf Dauer keine Ordnung. Alles Unnötige sollte von Zeit zu Zeit komplett ausgemistet und entsorgt werden.*

# Quellennachweis

Warum der Schäfer jedes Wetter liebt, aus: Anthony de Mello, Warum der Schäfer jedes Wetter liebt. Weisheitsgeschichten. Freiburg im Breisgau 2013, Herder Verlag, S. 222.
Anleitung zum guten Leben, aus: SARK, Lebens-Lust, 978-3-426-66633-3, © 2000 Verlagsgruppe Droemer-Knaur, München